Friedrich Hebbel

Maria Magdalena

Ein bürgerliches Trauerspiel
in drei Akten

Mit Hebbels Vorwort
betreffend das Verhältnis
der dramatischen Kunst zur Zeit
und verwandte Punkte
Anmerkungen von Karl Pörnbacher

Philipp Reclam jun. Stuttgart

Der Text folgt der Säkular-Ausgabe: Friedrich Hebbel: Sämmtliche Werke. Historisch-kritische Ausgabe. Besorgt von Richard Maria Werner. Erste Abteilung. Zweiter Band [„Maria Magdalena"]. Berlin.: Behr, [1911]. Elfter Band [Vorwort zur „Maria Magdalena"]. Ebd. [1913]. – Orthographie und Interpunktion wurden behutsam modernisiert.

Erläuterungen und Dokumente
zu Hebbels „Maria Magdalena" liegen unter Nr. 8105
in Reclams Universal-Bibliothek vor.

Universal-Bibliothek Nr. 3173
Alle Rechte vorbehalten
© 1965, 1994 Philipp Reclam jun. GmbH & Co., Stuttgart
Um Anmerkungen ergänzte Ausgabe 1994
Gesamtherstellung: Reclam, Ditzingen. Printed in Germany 1994
RECLAM und UNIVERSAL-BIBLIOTHEK sind eingetragene
Warenzeichen der Philipp Reclam jun. GmbH & Co., Stuttgart
ISBN 3-15-003173-7

Vorwort zur „Maria Magdalena",

betreffend das Verhältnis der dramatischen Kunst zur Zeit und verwandte Punkte

Das kleine Vorwort, womit ich meine Genoveva begleitete, hat so viel Mißverständnis und Widerspruch hervorgerufen, daß ich mich über den darin berührten Hauptpunkt noch einmal aussprechen muß. Ich muß aber ein ästhetisches Fundament, und ganz besonders einigen guten Willen, auf das Wesentliche meines Gedankenganges einzugehen, voraussetzen, denn wenn die Unschuld des Worts nicht respektiert und von der dialektischen Natur der Sprache, deren ganze Kraft auf dem Gegensatz beruht, abgesehen wird, so kann man mit jedem eigentümlichen Ausdruck jeden beliebigen Wechselbalg erzeugen, man braucht nur einfach in die Bejahung der eben hervorgehobenen Seite eine stillschweigende Verneinung aller übrigen zu legen.

Das Drama, als die Spitze aller Kunst, soll den jedesmaligen *Welt-* und *Menschenzustand* in seinem *Verhältnis zur Idee,* d. h. hier zu dem alles bedingenden sittlichen Zentrum, das wir im Weltorganismus, schon seiner Selbsterhaltung wegen, annehmen müssen, veranschaulichen. Das Drama, d. h. das höchste, das epochemachende, denn es gibt auch noch ein *zweites* und *drittes,* ein *partiell-nationales* und ein *subjektiv-individuelles,* die sich zu jenem verhalten wie einzelne Szenen und Charaktere zum ganzen Stück, die dasselbe aber so lange, bis ein alles umfassender Geist erscheint, vertreten, und wenn dieser ganz ausbleibt, als disjecti membra poetae in seine Stelle rücken, das Drama ist nur dann *möglich,* wenn in diesem Zustand eine entscheidende *Verände-*

rung vor sich geht, es ist daher durchaus ein Produkt der Zeit, aber freilich nur in dem Sinne, worin eine solche Zeit selbst ein Produkt aller vorhergegangenen Zeiten ist, das verbindende Mittelglied zwischen einer Kette von Jahrhunderten, die sich schließen, und einer neuen, die beginnen will.

Bis jetzt hat die Geschichte erst zwei Krisen aufzuzeigen, in welchen das höchste Drama hervortreten konnte, es ist demgemäß auch erst zweimal hervorgetreten: einmal bei den *Alten,* als die antike Weltanschauung aus ihrer ursprünglichen Naivetät in das sie zunächst auflockernde und dann zerstörende Moment der Reflexion überging, und einmal bei den *Neuern,* als in der christlichen eine ähnliche Selbstentzweiung eintrat. Das griechische Drama entfaltete sich, als der Paganismus sich überlebt hatte, und verschlang ihn, es legte den durch alle die bunten Göttergestalten des Olymps sich hindurchziehenden Nerv der Idee bloß, oder, wenn man will, es gestaltete das Fatum. Daher das maßlose Herabdrücken des Individuums den sittlichen Mächten gegenüber, mit denen es sich in einen doch nicht zufälligen, sondern notwendigen Kampf verstrickt sieht, wie es im Ödip den schwindelerregenden Höhepunkt erreicht. Das Shakespearesche Drama entwickelte sich am Protestantismus und emanzipierte das Individuum. Daher die furchtbare Dialektik seiner Charaktere, die, soweit sie Männer der Tat sind, alles Lebendige um sich her durch ungemessenste Ausdehnung verdrängen, und soweit sie im Gedanken leben, wie Hamlet, in ebenso ungemessener Vertiefung in sich selbst durch die kühnsten entsetzlichsten Fragen Gott aus der Welt, wie aus einer Pfuscherei, herausjagen möchten.

Nach Shakespeare hat zuerst *Goethe* im *Faust* und in den mit Recht dramatisch genannten *Wahlverwandtschaften* wieder zu einem großen Drama den Grundstein gelegt, und zwar hat er getan, oder vielmehr zu tun an-

gefangen, was allein noch übrigblieb, er hat die Dialektik unmittelbar in die Idee selbst hineingeworfen, er
hat den Widerspruch, den Shakespeare nur noch im Ich
aufzeigt, in dem Zentrum, um das das Ich sich herum-
bewegt, d. h. in der diesem erfaßbaren Seite desselben,
aufzuzeigen und so den Punkt, auf den die gerade wie
die krumme Linie zurückzuführen schien, in zwei Hälf-
ten zu teilen gesucht. Es muß niemand wundern, daß
ich Calderon, dem manche einen gleichen Rang anwei-
sen, übergehe, denn das Calderonsche Drama ist allerdings bewunderungswürdig in seiner konsequenten Aus-
bildung und hat der Literatur der Welt in dem Stücke
Das Leben ein Traum ein unvergängliches Symbol ein-
verleibt, aber es enthält nur Vergangenheit, keine Zukunft, es setzt in seiner starren Abhängigkeit vom Dog-
ma voraus, was es beweisen soll, und nimmt daher,
wenn auch nicht der Form, so doch dem Gehalt nach, nur
eine untergeordnete Stellung ein.

Allein Goethe hat nur den Weg gewiesen, man kann
kaum sagen, daß er den ersten Schritt getan hat, denn im
Faust kehrte er, als er zu hoch hinauf- und in die kalte
Region hineingeriet, wo das Blut zu gefrieren anfängt,
wieder um, und in den Wahlverwandtschaften setzte er,
wie Calderon, voraus, was er zu beweisen oder zu veranschaulichen hatte. Wie Goethe, der durchaus Künstler,
großer Künstler, war, in den Wahlverwandtschaften
einen solchen Verstoß gegen die innere Form begehen
konnte, daß er, einem zerstreuten Zergliederer nicht un-
ähnlich, der, statt eines wirklichen Körpers, ein Auto-
mat auf das anatomische Theater brächte, eine von Haus
aus nichtige, ja unsittliche Ehe, wie die zwischen Eduard
und Charlotte, zum Mittelpunkt seiner Darstellung
machte und dies Verhältnis behandelte und benutzte, als
ob es ein ganz entgegengesetztes, ein vollkommen be-
rechtigtes wäre, wüßte ich mir nicht zu erklären; daß er
aber auf die Hauptfrage des Romans nicht tiefer ein-

ging und daß er ebenso im Faust, als er zwischen einer
ungeheuren Perspektive und einem mit Katechismusfigu-
ren bemalten Bretterverschlag wählen sollte, den Bretterverschlag vorzog und die *Geburtswehen* der um eine
neue Form ringenden Menschheit, die wir mit Recht im
ersten Teil erblickten, im zweiten zu bloßen *Krankheits-
momenten* eines später durch einen willkürlichen, nur
notdürftig-psychologisch vermittelten Akt kurierten Individuums herabsetzte, das ging aus seiner ganz eigen
komplizierten Individualität hervor, die ich hier nicht
zu analysieren brauche, da ich nur anzudeuten habe, wie
weit er gekommen ist. Es bedarf hoffentlich nicht der
Bemerkung, daß die vorstehenden, sehr motivierten Ein-
wendungen gegen den Faust und die Wahlverwandtschaften diesen beiden welthistorischen Produktionen
durchaus nichts von ihrem unermeßlichen Wert abdingen,
sondern nur das Verhältnis, worin ihr eigener Dichter
zu den in ihnen verkörperten Ideen stand, bezeichnen
und den Punkt, wo sie formlos geblieben sind, nach-
weisen sollen.

Goethe hat demnach, um seinen eigenen Ausdruck zu
gebrauchen, die große Erbschaft der Zeit wohl *angetreten,*
aber nicht *verzehrt,* er hat wohl erkannt, daß das mensch-
liche Bewußtsein sich erweitern, daß es wieder einen
Ring zersprengen will, aber er konnte sich nicht in gläu-
bigem Vertrauen an die Geschichte hingeben, und da er
die aus den Übergangszuständen, in die er in seiner
Jugend selbst gewaltsam hineingezogen wurde, entspringenden Dissonanzen nicht aufzulösen wußte, so wandte
er sich mit Entschiedenheit, ja mit Widerwillen und Ekel
von ihnen ab. Aber diese Zustände waren damit nicht
beseitigt, sie dauern fort bis auf den gegenwärtigen Tag,
ja sie haben sich gesteigert, und alle Schwankungen und
Spaltungen in unserem öffentlichen wie in unserem Pri-
vatleben sind auf sie zurückzuführen, auch sind sie keineswegs so unnatürlich oder auch nur so gefährlich, wie

man sie gern machen möchte, *denn der Mensch dieses
Jahrhunderts will nicht, wie man ihm Schuld gibt, neue
und unerhörte Institutionen, er will nur ein besseres
Fundament für die schon vorhandenen, er will, daß sie
sich auf nichts als auf Sittlichkeit und Notwendigkeit,
die identisch sind, stützen und also den äußeren Haken,
an dem sie bis jetzt zum Teil befestigt waren, gegen den
inneren Schwerpunkt, aus dem sie sich vollständig ablei-
ten lassen, vertauschen sollen.* Dies ist, nach meiner
Überzeugung, der welthistorische Prozeß, der in unseren
Tagen vor sich geht, die Philosophie, von Kant, und
eigentlich von Spinoza an, hat ihn, zersetzend und auf-
lösend, vorbereitet, und die dramatische Kunst, voraus-
gesetzt, daß sie überhaupt noch irgend etwas soll, denn
der bisherige Kreis ist durchlaufen und Duplikate sind
vom Überfluß und passen nicht in den Haushalt der Literatur, soll ihn beendigen helfen, sie soll, wie es in einer
ähnlichen Krisis Äschylos, Sophokles, Euripides und
Aristophanes, die nicht von ungefähr und etwa bloß,
weil das Schicksal es mit dem Theater der Athener besonders wohlmeinte, so kurz hintereinander hervortra-
ten, getan haben, in großen gewaltigen Bildern zeigen,
wie die bisher nicht durchaus in einem lebendigen Organismus gesättigt aufgegangenen, sondern zum Teil nur
in einem Scheinkörper erstarrt gewesenen und durch die
letzte große Geschichtsbewegung entfesselten Elemente,
durcheinanderflutend und sich gegenseitig bekämpfend,
die neue Form der Menschheit, in welcher alles wieder
an seine Stelle treten, in welcher das Weib dem Manne
wieder gegenüberstehen wird, wie dieser der Gesellschaft, und wie die Gesellschaft der Idee, erzeugen. Damit
ist nun freilich der Übelstand verknüpft, daß die dramatische Kunst sich auf Bedenkliches und Bedenklichstes ein-
lassen muß, da das Brechen der Weltzustände ja nur in
der Gebrochenheit der individuellen erscheinen kann
und da ein Erdbeben sich nicht anders darstellen läßt als

durch das Zusammenstürzen der Kirchen und Häuser und die ungebändigt hereindringenden Fluten des Meers. Ich nenne es natürlich nur mit Rücksicht auf die harmlosen Seelen, die ein *Trauerspiel* und ein *Kartenspiel* unbewußt auf *einen und denselben Zweck* reduzieren, einen Übelstand, denn diesen wird unheimlich zumute, wenn Spadille nicht mehr Spadille sein soll, sie wollen wohl neue Kombinationen im Spiel, aber keine neue Regel, sie verwünschen den Hexenmeister, der ihnen diese aufdringt oder doch zeigt, daß sie möglich ist, und sehen sich nach dem Gevatter Handwerker um, der die Blätter wohl anders mischt, auch wohl hin und wieder, denn Abwechselung muß sein, einen neuen Trumpf einsetzt, aber im übrigen die altehrwürdige Erfindung des Ururgroßvaters, wie das Naturgesetz selbst, respektiert. Hier wäre es am Ort, aus dem halben Scherz in einen bittern ganzen Ernst überzugehen, denn es ist nicht zu sagen, bis zu welchem Grade eine zum Teil unzurechnungsfähige und unmündige, zum Teil aber auch perfide Kritik, sich den erbärmlichen Theaterverhältnissen unserer Tage und dem beschränkten Gesichtskreis des großen Haufens akkommodierend, die einfachen Grundbegriffe der dramatischen Kunst, von denen man glauben sollte, daß sie, nachdem sich ihre Kraft und Wahrheit vier Jahrtausende hindurch bewährte, unantastbar seien wie das Einmaleins, verwirrt und auf den Kopf gestellt hat. Der Maler braucht sich, und er mag dem Himmel dafür danken, noch nicht darüber zu entschuldigen, daß er die Leinewand, aus der auch Siebbeutel gemacht werden könnten, bemalt, auch verlacht man ihn noch nicht, wenn man sieht, daß er auf die Komposition seines Gemäldes Mühe und Fleiß verwendet, daß er die Farben, die ja doch auch schon an sich dem Auge schmeicheln, auf Gestalten, und die Gestalten wieder auf einen inneren, für den bloßen Gaffer nicht vorhandenen Mittelpunkt bezieht, statt das Farbenbrett selbst mit dem eingerührten Blau, Gelb und Rot für das

Gemälde zu geben, oder doch den bunten Gestalten- und Figurentanz; aber jene Kunst, die, wie alles Höchste, nur dann überhaupt etwas ist, wenn sie das, was sie sein soll, ganz ist, muß sich jetzt, wie über eine Narrheit, darüber hudeln lassen, daß sie ihre einzige, ihre erste und letzte Aufgabe im Auge behält, statt es sich bequem zu machen und für den *Karfunkel* den *Kiesel* zu bieten, für ein tiefsinniges und unergründliches *Lebenssymbol* ein gemeines *Lebensrätsel*, das mit der gelösten Spannung ins Nichts zerplatzt und, außerstande, auch nur die dürftigste Seele für einen Moment zu sättigen, nichts erweckt als den Hungerruf: Was Neues! was Neues! Ich sage es euch, ihr, die ihr euch dramatische Dichter nennt, wenn ihr euch damit begnügt, Anekdoten, historische oder andere, es gilt gleich, in Szene zu setzen oder, wenn's hoch kommt, einen Charakter in seinem psychologischen Räderwerk auseinanderzulegen, so steht ihr, ihr mögt nun die Tränenfistel pressen oder die Lachmuskeln erschüttern, wie ihr wollt, um nichts höher als unser bekannter Vetter von Thespis her, der in seiner Bude die Marionetten tanzen läßt. Nur wo ein *Problem* vorliegt, hat eure Kunst etwas zu schaffen, wo euch aber ein solches aufgeht, wo euch das *Leben* in seiner *Gebrochenheit* entgegentritt und zugleich in eurem Geist, denn *beides* muß zusammenfallen, *das Moment der Idee*, in dem es die *verlorne Einheit* wiederfindet, da ergreift es und kümmert euch nicht darum, daß der ästhetische Pöbel in der *Krankheit selbst die Gesundheit* aufgezeigt haben will, da ihr doch nur den *Übergang* zur Gesundheit aufzeigen und das Fieber allerdings nicht heilen könnt, ohne euch mit dem Fieber einzulassen, denn dieser Pöbel, der euch über die Paroxysmen, die ihr darstellt, zur Rechenschaft zieht, als ob es eure eigenen wären, müßte, wenn er Konsequenz besäße, auch dem Richter, der dem Missetäter das Verbrechen abfragt, um seine Stellung zum Gesetz zu ermitteln, ja dem Geistlichen, der Beichte hört, den Vor-

wurf machen, daß er sich mit schmutzigen Dingen be-
fasse, und ihr seid für nichts, für gar nichts, verantwortlich als für die *Behandlung,* die, als eine freie, eure sub-
jektive Unabhängigkeit vom Gegenstand und euer per-
sönliches *Unvermischtsein* mit demselben hervortreten
lassen muß, und für das *letzte Resultat,* ja auch das Resultat braucht nicht im Lanzen-Spitzen-Sinn die Spitze
eures Werks zu sein, es darf sich ebensogut als Ausgangs-
punkt eines Charakters hinstellen, wie als Ausgangs-
punkt des ganzen Dramas, obgleich freilich, wenn letz-   10
teres der Fall ist, das Drama der Form nach einen höheren Grad von Vollendung für sich in Anspruch zu nehmen hat. Man kann, wenn man sich genötigt sieht, über
Dinge, die niemanden ohne innere Erfahrung ganz ver-
ständlich werden, zu sprechen, sich nicht genug gegen   15
Mißdeutung verwahren; ich füge also noch ausdrücklich
hinzu, daß man hier nicht an ein allegorisches Heraus-
putzen der Idee, überhaupt nicht an die philosophische,
sondern an die unmittelbar ins Leben selbst verlegte
Dialektik denken muß und daß, wenn in einem Prozeß,   20
worin, wie in jedem schöpferischen, alle Elemente sich
mit gleicher Notwendigkeit bedingen und voraussetzen,
überall von einem Vor und Nach die Rede sein kann, der
Dichter (wer sich für einen hält, möge sich darnach prüfen!) sich jedenfalls eher der Gestalten bewußt werden   25
wird als der Idee oder vielmehr des Verhältnisses der
Gestalten zur Idee. Doch, wie gesagt, die ganze Anschau-
ungsweise ist eine unzulässige, die aber noch sehr verbreitet zu sein scheint, da, was aus ihr allein hervorgehen
kann, selbst einsichtige Männer nicht aufhören, mit dem   30
Dichter über die Wahl seiner Stoffe, wie sie es nennen,
zu hadern, und dadurch zeigen, daß sie sich das Schaffen,
dessen erstes Stadium, das empfangende, doch tief unter
dem Bewußtsein liegt und zuweilen in die dunkelste
Ferne der Kindheit zurückfällt, immer als ein wenn auch   35
veredeltes Machen vorstellen und daß sie in das geistige

Gebären eine Willkür verlegen, die sie dem leiblichen, dessen Gebundensein an die Natur freilich heller in die Augen springt, gewiß nicht zusprechen würden. Den Gevatter Handwerker, dessen ich oben gedachte, mag man schelten, wenn er etwas bringt, was dem gnädigen Herrn mit vielen Köpfen nicht behagt, denn der wackere Mann kann das eine so gut liefern als das andere, er hat sich, als er seine Anekdote auswählte, bloß im Effekt verrechnet, und für Rechenfehler ist jedermann verantwortlich; dem Dichter dagegen muß man verzeihen, wenn er es nicht trifft, er hat keine Wahl, er hat nicht einmal die Wahl, ob er ein Werk überhaupt hervorbringen will oder nicht, denn das einmal lebendig Gewordene läßt sich nicht zurückverdauen, es läßt sich nicht wieder in Blut verwandeln, sondern muß in freier Selbständigkeit hervortreten, und eine unterdrückte oder unmögliche geistige Entbindung kann ebensogut wie eine leibliche die Vernichtung, sei es nun durch den Tod oder durch den Wahnsinn, nach sich ziehen. Man denke an Goethes Jugendgenossen Lenz, an Hölderlin, an Grabbe.

Ich sagte: die dramatische Kunst soll den welthistorischen Prozeß, der in unseren Tagen vor sich geht und der die vorhandenen Institutionen des menschlichen Geschlechts, die politischen, religiösen und sittlichen, nicht umstürzen, sondern tiefer begründen, sie also vor dem Umsturz sichern will, beendigen helfen. In *diesem* Sinne soll sie, wie alle Poesie, die sich nicht auf Superfötation und Arabeskenwesen beschränkt, *zeitgemäß* sein, in *diesem* Sinn, und in *keinem andern*, ist es *jede echte*, in *diesem* Sinn habe auch ich im Vorwort zur Genoveva meine Dramen als *künstlerische Opfer der Zeit* bezeichnet, denn ich bin mir bewußt, daß die individuellen Lebensprozesse, die ich darstellte und noch darstellen werde, mit den jetzt obschwebenden allgemeinen Prinzipienfragen in engster Verbindung stehen, und obgleich es mich nicht unangenehm berühren konnte, daß die Kritik bisher

fast ausschließlich meine Gestalten ins Auge faßte und
die Ideen, die sie repräsentieren, unberücksichtigt ließ,
indem ich hierin wohl nicht mit Unrecht den besten Beweis für die wirkliche Lebendigkeit dieser Gestalten erblickte, so muß ich nun doch wünschen, daß dies ein Ende
nehme und daß man auch dem zweiten Faktor meiner
Dichtungen einige Würdigung widerfahren lassen möge,
da sich natürlich ein ganz anderes Urteil über Anlage
und Ausführung ergibt, wenn man sie bloß in bezug auf
die behandelte Anekdote betrachtet, als wenn man sie
nach dem zu bewältigenden Ideenkern, der manches
notwendig machen kann, was für jene überflüssig ist, be-
mißt. Der erste Rezensent, den meine Genoveva fand,
glaubte in jener Bezeichnung meiner Dramen eine der
Majestät der Poesie nicht würdige Konzession an die
Zeitungspoetik unserer Tage zu erblicken und fragte
mich, wo denn in meinen Stücken jene Epigrammatie und
Bezüglichkeit, die man jetzt zeitgemäß nenne, anzutreffen
sei. Ich habe ihm hierauf nichts zu antworten, als daß ich
die Begriffe der *Zeit* und des *Zeitungsblatts* nicht so
identisch finde, wie er zu tun scheint, falls sein sonder-
barer Einwurf anders ernst gemeint und nicht bloß darauf gerichtet war, mir die hier gegebene nähere Entwicke-
lung meiner vielleicht zu lakonisch hingestellten Gedanken abzudringen. Ich weiß übrigens recht gut, daß sich
heutzutage eine ganz andere Zeitpoesie in Deutschland
geltend macht, eine Zeitpoesie, die sich an den Augenblick hingibt und die, obgleich sie eigentlich das Fieber
mit der Hitzblatter, die Gärung im Blut mit dem Hautsymptom, wodurch sie sich ankündigt, verwechselt, doch,
insofern sie dem Augenblick wirklich dient, nicht zu
schelten wäre, wenn nur sie selbst sich des Scheltens ent-
halten wollte. Aber, nicht zufrieden, in ihrer zweifelhaften epigrammatisch-rhetorischen Existenz toleriert, ja
gehegt und gepflegt zu werden, will sie allein existieren
und gibt sich, polternd und eifernd, das Ansehen, als ob

sie Dinge verschmähte, von denen sie wenigstens erst beweisen sollte, daß sie ihr erreichbar sind. Man kann in
keinem Band Gedichte, denn gerade in der Lyrik hat sie
das Quartier aufgeschlagen, mehr blättern, ohne auf hef-
tige Kontroversen gegen die Sänger des Weins, der Liebe,
des Frühlings usw., die toten wie die lebendigen, zu stoßen, aber die Herren halten ihre eigenen Frühlings- und
Liebeslieder zurück oder produzieren, wenn sie damit
auftreten, solche Nichtigkeiten, daß man unwillkürlich
an den Wilden denken muß, der ein Klavier mit der Axt
zertrümmerte, weil er sich lächerlich gemacht hatte, als
er es zu spielen versuchte. Lieben Leute, wenn einer die
Feuerglocke zieht, so brechen wir alle aus dem Konzert
auf und eilen auf den Markt, um zu erfahren, wo es
brennt, aber der Mann muß sich darum nicht einbilden,
er habe über Mozart und Beethoven triumphiert. Auch
daraus, daß die Epigramme, die ihr bekannten Personen
mit Kreide auf den Rücken schreibt, schneller verstanden
werden und rascher in Umlauf kommen als Juvenalsche
Satiren, müßt ihr nicht schließen, daß ihr den Juvenal
übertroffen habt; sie sind dafür auch vergessen, sobald
die Personen den Rücken wenden oder auch nur den Rock
wechseln, während Juvenal hier nicht angeführt werden
könnte, wenn er nicht noch nach Jahrtausenden gelesen
würde. Als Goethe der schönsten Liederpoesie, die uns
nach der seinigen geschenkt worden ist, der Uhlandschen,
in einer übellaunigen Minute vorwarf, es werde daraus
nichts „Menschengeschick Aufregendes und Bezwingen-
des" hervorgehen, so hatte er freilich Recht, denn Lilien-
duft ist kein Schießpulver, und auch der Erlkönig und
der Fischer, obgleich sie Millionen Trommelschlägerstück-
chen aufwiegen, würden im Krieg sowenig den Trom-
peter- als einen anderen Dienst versehen können. Die
Poesie hat *Formen*, in denen der *Geist* seine *Schlachten*
schlägt, die *epischen* und *dramatischen*, sie hat *Formen*,
worin das *Herz* seine *Schätze* niederlegt, die *lyrischen*,

und das *Genie* zeigt sich eben dadurch, daß es *jede* auf die *rechte Weise* ausfüllt, indes das *Halbtalent*, das für die größeren nicht *Gehalt* genug hat, die *engeren* gern zu *zersprengen* sucht, um trotz seiner *Armut reich* zu erscheinen. Ein solcher, von einem total verkehrt gewählten Gesichtspunkt aus gefällter Ausspruch, den Goethe selbst in den Gesprächen mit Eckermann schon modifizierte, hätte der Kritik zu nichts Veranlassung geben sollen als zu einer gründlichen Auseinandersetzung, worin sich Uhland und der piepsende Ratten- und Mäusekönig, der sich ihm angehängt hat, die *„schwäbische Schule"*, voneinander unterscheiden, da ja nicht Uhland, sondern ein von Goethe unbesehens für ein Mitglied dieser Schule gehaltener schwäbischer Dichter den Ausspruch hervorrief. Es ist hier zu dieser Auseinandersetzung, die sich übrigens um so eher der Mühe verlohnte, als sich, wenn man bis zum Prinzip hinabstiege, wahrscheinlich ergäbe, daß eine gemeine Gemüts- und eine gemeine Reflexionslyrik gleich nullenhaft sind und daß ein Einfall über den „Baum" der „Menschheit", an dem die „Blüte" der „Freiheit" unter dem „Sonnenkuß" des „Völkerlenzes" aufbricht, wirklich nicht mehr besagen will als ein Hausvatergefühl unterm blühenden Apfelbaum, nicht der Ort, aber ich kann nicht umhin, auf den Unterschied selbst dringend aufmerksam zu machen, um mich nicht in den Verdacht zu bringen, als ob ich die melodielose Nüchternheit, die zu dichten glaubt, wenn sie ihre Werkeltagsempfindungen oder eine hinter dem Zaun aufgelesene Alte-Weiber-Sage in platte Verse zwängt, einer Rhetorik vorziehe, die zwar, schon der spröden Einseitigkeit wegen, niemals zur Poesie, aber doch vielleicht zur Gedanken- und, wenn dies gelingt, auch zur Charakterbildung führt. Man soll die *Flöte* nicht nach dem Brennholz, das sich allenfalls für den prophezeiten Weltbrand aus ihr gewinnen ließe, abschätzen, aber das gemeine Brennholz soll noch weniger auf seine eingebildete Verwandtschaft

mit der Flöte dicke tun. Es versteht sich von selbst, daß
ich nicht alle Schwaben, und noch weniger bloß die
Schwaben, zur schwäbischen Schule rechne, denn auch
Kerner etc. ist ein Schwabe.

Vielleicht sagt der eine oder der andere: dies sind ja
alte, bekannte, längst festgestellte Dinge. Allerdings. Ja,
ich würde erschrecken, wenn es sich anders verhielte, denn
wir sollen im Ästhetischen wie im Sittlichen nach meiner
Überzeugung nicht das *elfte* Gebot *erfinden*, sondern die
zehn vorhandenen erfüllen. Bei alledem bleibt demjeni-
gen, der die alten Gesetztafeln einmal wieder mit dem
Schwamm abwäscht und den frechen Kreidekommentar,
mit dem allerlei unlautre Hände den Grundtext über-
malt haben, vertilgt, immer noch sein bescheidenes Verdienst. Es hat sich ein gar zu verdächtiges Glossarium
angesammelt. Die Poesie soll nicht bleiben, was sie war
und ist: Spiegel des Jahrhunderts und der Bewegung der
Menschheit im allgemeinen, sie soll Spiegel des Tags, ja
der Stunde werden. Am allerschlimmsten aber kommt
das Drama weg, und nicht, weil man zuviel oder das
Verkehrte von ihm verlangt, sondern weil man *gar nichts*
von ihm verlangt. Es soll bloß amüsieren, es soll uns
eine spannende Anekdote, allenfalls, der Pikantheit wegen, von psychologisch-merkwürdigen Charakteren getragen, vorführen, aber es soll beileibe nicht mehr tun;
was im *Shakespeare* (man wagt, sich auf ihn zu berufen)
nicht amüsiert, das ist vom Übel, ja es ist, näher besehen,
auch nur durch den Enthusiasmus seiner Ausleger in ihn
hineinphantasiert, er selbst hat nicht daran gedacht, er
war ein guter Junge, der sich freute, wenn er durch seine
wilden Schnurren mehr Volk wie gewöhnlich zusammen-
trommelte, denn dann erhielt er vom Theaterdirektor
einen Schilling über die Wochengage und wurde wohl gar
freundlich ins Ohr gekniffen. Ein berühmter Schauspieler,
jetzt verstorben, hat, wie ihm von seinen Freunden nach-
gesagt wird, dem neuen Evangelium die praktische Nutz-

anwendung hinzugefügt, er hat alles Ernstes behauptet, daß der „Poet" dem „Künstler" nur ein Szenarium zu liefern habe, welches dann durch diesen extemporierend auszufüllen sei. Die Konsequenz ist hier, wie allenthalben, zu loben, denn man sieht doch, wohin das Amüsementprinzip führt, aber das Sachverhältnis ist dies. *Eine Dichtung, die sich für eine dramatische gibt, muß darstellbar sein*, jedoch nur deshalb, weil, was der *Künstler* nicht *darzustellen vermag*, von dem *Dichter* selbst *nicht dargestellt wurde*, sondern *Embryo* und *Gedankenschemen* blieb. Darstellbar ist nun nur das *Handeln*, nicht das *Denken* und *Empfinden*; Gedanken und Empfindungen gehören also nicht *an* sich, sondern immer nur so weit, als sie sich unmittelbar zur Handlung umbilden, ins Drama hinein; dagegen sind aber auch Handlungen keine Handlungen, wenigstens keine dramatische, wenn sie sich ohne die sie vorbereitenden Gedanken und die sie begleitenden Empfindungen, in nackter Abgerissenheit, wie Naturvorfälle, hinstellen, sonst wäre ein stillschweigend gezogener Degen der Höhepunkt aller Aktion. Auch ist nicht zu übersehen, daß die *Kluft* zwischen Handeln und Leiden *keineswegs so groß ist*, als die *Sprache* sie macht, denn alles Handeln löst sich dem Schicksal, d. h. dem Weltwillen gegenüber, in ein Leiden auf, und gerade dies wird in der Tragödie veranschaulicht, alles Leiden aber ist im Individuum ein nach innen gekehrtes Handeln, und wie unser Interesse mit ebenso großer Befriedigung auf dem Menschen ruht, wenn er sich auf sich selbst, auf das Ewige und Unvergängliche im zerschmetterten Individuum besinnt und sich dadurch wiederherstellt, was im Leiden geschieht, als wenn er dem Ewigen und Unvergänglichen in individueller Gebundenheit Trotz bietet und dafür von diesem, das über alle Manifestation hinausgeht, wie z. B. unser Gedanke über die Hand, die er in Tätigkeit setzt, und das selbst dann, wenn ihm der Wille nicht entgegentritt noch im Ich auf eine hemmende Schranke stoßen kann, die strenge Zurechtweisung empfängt, so ist das *eine* auch ebensogut *darstellbar* wie das *andere* und erfordert höchstens *den größeren* Künstler. Ich wiederhole es: eine Dichtung, die sich für eine dramatische gibt, muß darstellbar sein, weil, was der Künstler nicht darzustellen vermag, von dem Dichter selbst nicht dargestellt wurde, sondern Embryo und Gedankenschemen blieb. Dieser innere Grund ist zugleich der einzige, die mimische Darstellbarkeit ist das allein untrügliche Kriterium der poetischen Darstellung, darum darf der Dichter sie nie aus den Augen verlieren. Aber diese *Darstellbarkeit* ist nicht nach der *Konvenienz* und den in „steter Wandlung" begriffenen *Modevorurteilen* zu bemessen, und wenn sie ihr Maß von dem realen Theater entlehnen will, so hat sie nach dem *Theater aller Zeiten,* nicht aber nach dieser oder jener speziellen Bühne, worin ja, wer kann es wissen, wie jetzt die jungen Mädchen, vielleicht noch einmal die Kinder das Präsidium führen und dann, ihren unschuldigen Bedürfnissen gemäß, darauf bestehen werden, daß die Ideen der Stücke nicht über das Niveau von: Quäle nie ein Tier zum Scherz usw. oder: Schwarzbeerchen, bist du noch so schön usw. hinausgehen sollen, zu fragen. Es ergibt sich bei einigem Nachdenken von selbst, daß der Dichter nicht, wie es ein seichter Geschmack, und auch ein unvollständiger und frühreifer Schönheitsbegriff, der, um sich bequemer und schneller abschließen zu können, die volle Wahrheit nicht in sich aufzunehmen wagt, von ihm verlangen, *zugleich* ein *Bild* der *Welt* geben und doch von den *Elementen,* woraus die *Welt besteht, die widerspenstigen ausscheiden* kann, sondern daß er alle gerechten Ansprüche befriedigt, wenn er jedem dieser Elemente die *rechte Stelle* anweist und die *untergeordneten,* die sich nun einmal wie querlaufende Nerven und Adern mit im Organismus vorfinden, nur *hervortreten* läßt, damit die *höhern* sie *verzehren.* Davon, daß der *Wert* und die

Bedeutung eines *Dramas* von dem durch hundert und tausend Zufälligkeiten bedingten Umstand, ob es zur Aufführung kommt oder nicht, also von seinem *äußern Schicksal*, abhange, kann ich mich nicht überzeugen, denn wenn das Theater, das als vermittelndes Organ zwischen der Poesie und dem Publikum sehr hoch zu schätzen ist, eine solche Wunderkraft besäße, so müßte es zunächst doch das lebendig erhalten, was sich ihm mit Leib und Seele ergibt; wo bleiben sie aber, die hundert und tausend „bühnengerechten" Stücke, die „mit verdientem Beifall" unter „zahlreichen Wiederholungen" über die Bretter gehen? Und um von der Fabrikware abzusehen, werden Shakespeare und Calderon, die ja doch nicht bloß große dramatische Dichter, sondern auch wahre Theaterschriftsteller gewesen sein sollen, gespielt, hat das Theater sie nicht längst fallenlassen und dadurch bewiesen, daß es sowenig das Vortreffliche als das Nichtige festhält, geht daraus aber nicht mit Evidenz hervor, daß nicht, wie diejenigen, die nur halb wissen, worauf es ankommt, meinen, das faktische *Dargestelltwerden,* das früher oder später aufhört, ohne darum der Wirkung des Dichters eine Grenze zu setzen, sondern die von mir aus der Form als unbedingt notwendig abgeleitete und ihrem wahren Wesen nach bestimmte *Darstellbarkeit* über Wert und Bedeutung eines Dramas entscheidet? Hiermit ist nun nicht bloß die naive Seidelmannsche Behauptung beseitigt, von der ich zunächst ausging und die eigentlich darauf hinausläuft, daß ein poetisches Nichts, das sich in jeder Fasson, die der Künstler ihm aufzudrücken beliebt, noch besser ausnimmt als in der von Haus aus mitgebrachten, der *Willkür* des genialen Schauspielers freieren Spielraum verstattet als das zähe poetische Etwas, an das er sich hingeben muß; sondern es ist damit auch all das übrige Gerede, dessen ich gedachte, auf sein Körnlein Wahrheit reduziert, es ist gezeigt, daß der echte dramatische Darstellungsprozeß *ganz von selbst* und ohne nach der Bühne zu blinzeln, alles *Geistige verleiblichen,* daß er die *dualistischen Ideenfaktoren,* aus deren Aneinanderprallen der das ganze Kunstwerk entzündende schöpferische Funke hervorspringt, zu *Charakteren verdichten,* daß er das *innere* Ereignis nach allen seinen Entwickelungsstadien in einer *äußeren* Geschichte, einer Anekdote, auseinanderfallen und diese Anekdote, dem Steigerungsgesetz der Form gemäß, zur *Spitze* auslaufen lassen, also *spannend* und *Interesse erweckend* gestalten, und so auch denjenigen Teil der Leser- und Zuschauerschaft, der die wahre Handlung gar nicht ahnt, *amüsieren* und *zufrieden*stellen wird.

Kann aber, ich darf diese Frage nicht umgehen, die so weit fortgeschrittene Philosophie die große Aufgabe der Zeit nicht allein lösen, und ist der Standpunkt der Kunst nicht als ein überwundener oder ein doch zu überwindender zu betrachten? Wenn die Kunst nichts weiter wäre, als was die meisten in ihr erblicken, ein träumerisches, hin und wieder durch einen sogenannten ironischen Einfall über sich selbst unterbrochenes *Fortspinnen* der Erscheinungswelt, eine gleichsam von dem äußeren Theater aufs innere versetzte Gestaltenkomödie, worin die verhüllte Idee nach wie vor mit sich selbst Versteckens spielt, so müßte man darauf unbedingt mit Ja antworten und ihr auflegen, die viertausendjährige Sünde einer angemaßten Existenz mit einem freiwilligen Tode zu büßen, ja selbst die ewige Ruhe nicht als einen durch ihre erst jetzt überflüssig gewordene Tätigkeit verdienten Lohn, sondern nur als ein ihr aus Rücksicht auf den von ihr der Menschheit *in* ihren Kinderjahren durch ihre nicht ganz sinnlosen Bilder und Hieroglyphen verschafften nützlichen Zeitvertreib bewilligtes Gnadengeschenk hinzunehmen. Aber die Kunst ist nicht bloß unendlich viel *mehr,* sie ist etwas ganz *anderes,* sie ist die *realisierte Philosophie,* wie die Welt die *realisierte Idee,* und eine Philosophie, die nicht mit ihr schließen, die nicht selbst

in ihr zur Erscheinung werden und dadurch den höchsten
Beweis ihrer Realität geben will, braucht auch nicht mit
der Welt anzufangen, es ist gleichgültig, ob sie das erste
oder das letzte Stadium des Lebensprozesses, von dem
sie sich ausgeschlossen wähnen muß, wenn sie ohne Darstellung auskommen zu können glaubt, negiert, denn auf
die *Welt* kann sie sich, als auf eine solche Darstellung,
nicht zurückbeziehen, ohne sich zugleich mit auf die
Kunst zu beziehen, da die Welt eben erst in der Kunst
zur Totalität zusammengeht. Eine schöpferische und ur-
sprüngliche Philosophie hat dies auch noch nie getan, sie
hat immer gewußt, daß sie sich eine Probe, die die von
ihr nackt reproduzierte Idee selbst sich nicht ersparen
konnte, nicht unterschlagen darf, und deshalb in der
Kunst niemals einen bloßen Stand-, sondern ihren eigenen Ziel- und Gipfelpunkt erblickt; dagegen ist es cha-
rakteristisch für jede formale, und aus naheliegenden
Gründen auch für die Jüngerschaft jeder anderen, daß sie
selbst da, wo sie lebendige Gestalt geworden ist oder
doch werden sollte, nicht aufhören kann zu zersetzen
und gleich einem Menschen, der, um sich zu überzeugen,
ob er auch alles das, was, wie er aus der Anthropologie
weiß, zum Menschen gehört, wirklich besitze, sich Kopf-,
Brust- und Bauchhöhle öffnen wollte, die Spitze aller
Erscheinung, in der Geist und Natur sich umarmen, durch
einen zugleich barbarischen und selbstmörderischen Akt
zerstört. Eine solche Philosophie erkennt sich selbst in
der höheren Chiffre der Kunst nicht wieder, es kommt
ihr schon verdächtig vor, daß sie dieselbe aus der von
ihr mit so viel Mühe und Anstrengung zerrissenen Chiffre
der Natur zusammengesetzt findet, und sie weiß nicht,
woran sie sich halten soll; da stößt sie aber zu ihrem
Glück im Kunstwerk auf einzelne Partien, die (sollten's
unter einem Gemälde auch nur die Unterschriften des
Registrators sein!) in der ihr allein geläufigen Ausdrucksweise des Gedankens und der Reflexion abgefaßt sind,

weil entweder der Geist des Ganzen dort wirklich nicht
zur Form durchdrang oder weil nur eine der Form nicht
bedürftige Kopula hinzustellen war; die hält sie nun für
die Hauptsache, für das ˉResultat der Darstellung, um
das sich das übrige Schnörkelwesen von Figuren und Gestalten ungefähr so herumschlinge wie auf einem kauf-
männischen Wechsel die Arabesken, Merkur und seine
Sippschaft, um die reelle Zahl, mit Eifer und Ehrlichkeit
reiht sie diese Perlen, Sentenzen und Gnomen genannt,
am Faden auf und schätzt sie ab; da das Resultat nun
aber natürlich ebenso kläglich ausfällt, als wenn man die
Philosophie nach ihrem Reichtum an Leben und Gestalt
messen wollte, so spricht sie mit voller Überzeugung ihr
endliches Urteil dahin aus, daß die Kunst eine kindische
Spielerei sei, wobei ja wohl auch, man habe Exempel,
zuweilen ein von einem reichen Mann auf der Straße
verlornes Goldstück gefunden und wieder in Kurs gesetzt
werde. Wer diese Schilderung für übertrieben hält, der
erinnere sich an Kants famosen Ausspruch in der Anthropologie, wo der Alte vom Berge alles Ernstes erklärt,
das poetische Vermögen, von Homer an, beweise nichts
als eine Unfähigkeit zum reinen Denken, ohne jedoch
die sich mit Notwendigkeit ergebende Konsequenz hinzu-
zufügen, daß auch die Welt in ihrer stammelnden Man-
nigfaltigkeit nichts beweise als *die Unfähigkeit Gottes,*
einen Monolog zu halten.

Wenn nun aber das Drama keine geringere als die
weltgeschichtliche Aufgabe selbst lösen helfen, wenn es
zwischen der Idee und dem Welt- und Menschenzustand
vermitteln soll, folgt nicht daraus, daß es sich ganz an
die Geschichte hingebe, daß es historisch sein muß? Ich
habe mich über diesen wichtigen Punkt an einem andern
Ort, in der Schrift Ein Wort über das Drama, Hamburg
bei Hoffmann und Campe, 1843, auf die ich hier wohl
verweisen darf, dahin ausgesprochen, daß das Drama
schon an und für sich und ohne spezielle Tendenz (die

eigentlich, um recht geschichtlich zu werden, aus der Geschichte heraustritt und die Nabelschnur, die jede Kraft
mit der lebendigen Gegenwart verknüpft, durchschneidet
um sie an die tote Vergangenheit mit einem Zwirnsfaden
festzubinden) historisch und daß die Kunst die höchste
Geschichtschreibung sei. Diesen Ausspruch wird keiner
der rückwärts und vorwärts zu schauen versteht, anfech-
ten, denn er wird sich erinnern, daß uns nur von denjenigen Völkern der alten Welt, die es zur Kunst gebracht
die ihr Dasein und Wirken in einer unzerbrechlichen
Form niedergelegt haben, ein Bild geblieben ist, und
hierin liegt zunächst der nie zu verachtende faktische Beweis; er wird aber auch erkennen, daß der sich schon
jetzt verstrengernde historische Ausscheidungsprozeß, der
das Bedeutende vom Unbedeutenden, das uns völlig Ab-
gestorbene, wenn auch in sich noch so Gewichtige, vor
dem noch in den Geschichtsorganismus Hinübergreifenden
sondert, sich immer steigern, daß er die Nomenklatur
dereinst einmal bis auf die Alexander und Napoleone
lichten, daß er noch später nur noch die Völkerphysiognomien und dann wohl gar nur noch die durch die Pha-
sen der Religion und Philosophie bedingten allgemein-
sten Entwickelungsepochen der Menschheit festhalten, ja
sogar, der Humor kommt hier von selbst, darum verzeihe
man ihn, die deutschen Lyrici, die mit niemand anstoßen
der ihnen nicht vorher die Unsterblichkeit einräumt,
lieblos fallenlassen wird; da nun aber die großen Taten
der Kunst noch viel seltener sind als die übrigen, aus
dem einfachen Grunde, weil sie eben erst aus diesen *re-
sultieren,* und da sie sich deshalb langsamer häufen, so
leuchtet ein, daß die *Kunst* in dem ungeheuren Meer
worin Welle Welle verschlingt, noch lange *Baken* stecken
und der Nachwelt den *allgemeinen* und allerdings an sich
unverlierbaren, weil unmittelbar im Leben aufgehenden
Gehalt der *Geschichte* in der *Schale* der *speziellen Peri-
oden,* deren Spitze sie in ihren verschiedenen Gliederungen

bildet, überliefern, ihr also, wenn auch nicht das weitläuftige und gleichgültige Register der Gärtner, die den Baum pflanzten und düngten, so doch die Frucht mit Fleisch und Kern, auf die es allein ankommt, und außerdem noch den Duft der Atmosphäre, in der sie reifte, darbieten kann. Endlich freilich wird auch hier der Punkt der Unübersehbarkeit erreicht werden, Shakespeare wird die Griechen, und was nach Shakespeare hervortritt, wird ihn verzehren, und ein neuer Kreislauf wird beginnen, oder Kunst und Geschichte werden versanden, die Welt wird für das Gewesene das Verständnis verlieren, ohne etwas Neues zu erzeugen, wenn sich nicht mit größerer Wahrscheinlichkeit annehmen ließe, daß dem Planeten mit dem Geschlecht, das er trägt, die schöpferische Kraft zugleich ausgehen wird. Die Konsequenzen dieses Gesichtspunktes ergeben sich von selbst, die Geschichte, insofern sie nicht bloß das allmähliche Fortrücken der Menschheit in der Lösung ihrer Aufgabe darstellen, sondern auch den Anteil, den die hervorragendern Individuen daran hatten, mit Haushälteringenauigkeit spezifizieren will, ist wirklich nicht viel mehr als ein großer Kirchhof mit seinem Immortalitätsapparat, den Leichensteinen und Kreuzen und ihren Inschriften, die dem Tod, statt ihm zu trotzen, höchstens neue Arbeit machen, und wer weiß, wie unentwirrbar sich im Menschen die unbewußten und bewußten Motive seiner Handlungen zum Knoten verschlingen, der wird die Wahrheit dieser Inschriften selbst dann noch in Zweifel ziehen müssen, wenn der Tote sie sich selbst gesetzt und den guten Willen zur Aufrichtigkeit dargelegt hat. Ist nun aber solchem nach das materielle Fundament der Geschichte ein von vornherein nach allen Seiten durchlöchertes und durchlöcherbares, so kann die Aufgabe des Dramas doch unmöglich darin bestehen, mit eben diesem Fundament, diesem verdächtigen Konglomerat von Begebenheitenskizzen und Gestaltenschemen, einen zweifelhaften Galvanisierungsversuch anzustellen, und der nüchterne Lessingsche Ausspruch in der Dramaturgie, wonach der dramatische Dichter die Geschichte, je nach Befund der Umstände, benutzen oder unbenutzt lassen darf, ohne in dem letzten Fall einen Tadel oder in dem ersten ein spezielles Lob zu verdienen, wird, wenn man ihn nur über die Negation hinaus dahin erweitert, daß das Drama dessenungeachtet den höchsten Gehalt der Geschichte in sich aufnehmen kann und soll, in voller Kraft verbleiben, am wenigsten aber durch Shakespeares Beispiel, in dessen historischen Dramen die auf das Aparte zuweilen etwas versessene romantische Schule plötzlich mehr finden wollte als in seinen übrigen, des größeren Gesichtskreises wegen unzweifelhaft höherstehenden Stücken, umgestoßen werden, denn Shakespeare scheuerte nicht etwa die „alten Schaumünzen" mit dem Kopf Wilhelms des Eroberers oder König Ethelreds wieder blank, sondern mit jenem großartigen Blick in das wahrhaft Lebendige, der diesen einzigen Mann nicht sowohl auszeichnet als ihn macht, stellte er dar, was noch im Bewußtsein seines Volks lebte, weil es noch daran zu tragen und zu zehren hatte, den Krieg der roten Rose mit der weißen, die Höllenausgeburten des Kampfes und die, in der deshalb so „fromm und maßvoll" gehaltenen Person Richmonds aufdämmernden Segnungen des endlichen Friedens. Wenn dies von aller Geschichte gilt, wie es denn der Fall ist, so gilt es noch ganz besonders von der deutschen; es betrübt mich daher aufrichtig, daß bei uns, ungeachtet so viel schlimmer Erfahrungen, das Dramatisieren unserer ausgangs- und darum sogar im *untergeordneten Sinn* gehaltlosen Kaiserhistorien immer wieder in die Mode kommt. Ist es denn so schwer, zu erkennen, daß die deutsche Nation bis jetzt überall keine Lebens-, sondern nur eine Krankheitsgeschichte aufzuzeigen hat, oder glaubt man alles Ernstes, durch das *In-Spiritus-Setzen* der *Hohenstaufenbandwürmer,* die ihr die Eingeweide zerfressen haben, die Krankheit heilen zu können? Wenn ich die Talente, die ihre Kraft an einem auf diesem Wege nicht zu erreichenden, obgleich an sich hochwichtigen und realisierbaren Zweck vergeuden, nicht achtete, so würde ich die Frage nicht aufwerfen. Es gibt hiefür eine andere, freilich sekundäre Form, die nicht so sehr, wie die dramatische, auf Konzentration und Progression angewiesen ist und die durch die ihr verstattete Detailmalerei ein Interesse, das sie im Volk nicht vorfindet, ohne daß das Volk darum zu schelten wäre, erwecken kann, die von Walter Scott geschaffene Form des historischen Romans, die in Deutschland keiner so vollständig ausgefüllt, ja erweitert hat als Willibald Alexis in seinem letzten Roman Der falsche Woldemar. Auf diesen Roman, der, an Brandenburg anknüpfend, alle deutschen Verhältnisse der dargestellten wichtigen Epoche zur Anschauung bringt und Geschichte gibt, ohne sie auf der einen Seite in Geschichten aufzulösen oder auf der anderen einem sogenannten historischen Pragmatismus die Fülle des Lebens und der Gestalten zu opfern, nehme ich hier zur Verdeutlichung meiner Gedanken gern Bezug.

So viel im allgemeinen. Nun noch ein Wort in Beziehung auf das Drama, das ich dem Publikum jetzt vorlege. Der Bänkelsängerstab, vor dem Immermann so gerechte Scheu trug, widert auch mich an, ich werde daher nicht über mein Stück und dessen Ökonomie (obgleich ich einige Ursache und vielleicht auch einiges Recht dazu hätte, denn man hat mir die Judith und die Genoveva fast auf den Kopf gestellt, man hat mir in der ersteren namentlich das Moment, worin ihr ganzes Verdienst liegt, die Verwirrung der Motive in der Heldin, ohne die sie eine Katze, wenn man will, eine heroische, gewordenen oder gebliebenen wäre, und die Ableitung der Tat aus eben dieser Verwirrung, die nur dadurch eine tragische, d. h. eine *in sich*, des welthistorischen Zwecks wegen *notwen-*

dige, zugleich aber das mit der Vollbringung beauftragte
Individuum wegen seiner partiellen Verletzung des sittlichen Gesetzes *vernichtende,* werden konnte, zum Vor-
wurf gemacht, mir also geradezu die Tugend als Sünde
angerechnet), ich werde nur über die Gattung, zu der es
gehört, reden. Es ist ein *bürgerliches Trauerspiel.* Das
bürgerliche Trauerspiel ist in Deutschland in Mißkredit
geraten, und hauptsächlich durch zwei Übelstände. Vor-
nehmlich dadurch, daß man es nicht aus seinen *inneren,*
ihm allein eigenen Elementen, aus der schroffen Ge-
schlossenheit, womit die aller Dialektik unfähigen Individuen sich in dem beschränktesten Kreis gegenüberstehen, und aus der hieraus entspringenden schrecklichen
Gebundenheit des *Lebens* in der *Einseitigkeit* aufgebaut,
sondern es aus allerlei *Äußerlichkeiten,* z. B. aus dem
Mangel an Geld bei Überfluß an Hunger, vor allem aber
aus dem Zusammenstoßen des dritten Standes mit dem
zweiten und ersten in Liebesaffären, zusammengeflickt
hat. Daraus geht nun unleugbar viel Trauriges, aber
nichts Tragisches hervor, denn das Tragische muß als ein
von vornherein mit Notwendigkeit Bedingtes, als ein,
wie der Tod, mit dem Leben selbst Gesetztes und gar
nicht zu Umgehendes auftreten; sobald man sich mit
einem: *Hätte* er (dreißig Taler gehabt, dem die gerührte
Sentimentalität wohl gar noch ein: *Wäre* er doch zu mir
gekommen, ich wohne ja Nr. 32, hinzufügt) oder einem:
Wäre sie (ein Fräulein gewesen usw.) helfen kann, wird
der Eindruck, der erschüttern soll, trivial, und die Wirkung, wenn sie nicht ganz verpufft, besteht darin, daß die
Zuschauer am nächsten Tag mit größerer Bereitwillig-
keit wie sonst ihre Armensteuer bezahlen oder ihre
Töchter nachsichtiger behandeln, dafür haben sich aber
die resp. Armenvorsteher und Töchter zu bedanken,
nicht die dramatische Kunst. Dann auch dadurch, daß
unsere Poeten, wenn sie sich einmal zum Volk hernieder-
ließen, weil ihnen einfiel, daß man doch vielleicht bloß

ein Mensch sein dürfe, um ein Schicksal, und unter Umständen ein ungeheures Schicksal haben zu können, die gemeinen Menschen, mit denen sie sich in solchen verlorenen Stunden befaßten, immer erst durch schöne Reden, die sie ihnen aus ihrem eigenen Schatz vorstreckten, adeln oder auch durch stöckige Borniertheit noch unter ihren wirklichen Standpunkt in der Welt hinabdrücken zu müssen glaubten, so daß ihre Personen uns zum Teil als verwunschene Prinzen und Prinzessinnen vorkamen, die der Zauberer aus Malice nicht einmal in Drachen und Löwen und andere respektable Notabilitäten der Tierwelt, sondern in schnöde Bäckermädchen und Schneidergesellen verwandelt hatte, zum Teil aber auch als belebte Klötze, an denen es uns schon Wunder nehmen mußte, daß sie ja und nein sagen konnten. Dies war nun, wo möglich, noch schlimmer, es fügte dem Trivialen das Absurde und Lächerliche hinzu, und obendrein auf eine sehr in die Augen fallende Weise, denn jeder weiß, daß Bürger und Bauern ihre Tropen, deren sie sich ebensogut bedienen wie die Helden des Salons und der Promenaden, nicht am Sternenhimmel pflücken und nicht aus dem Meer fischen, sondern daß der Handwerker sie sich in seiner Werkstatt, der Pflüger sie hinter seinem Pflug zusammenliest, und mancher macht wohl auch die Erfahrung, daß diese simplen Leute sich, wenn auch nicht aufs Konversieren, so doch recht gut aufs lebendige Reden, auf das Mischen und Veranschaulichen ihrer Gedanken, verstehen. Diese beiden Übelstände machen das Vorurteil gegen das bürgerliche Trauerspiel begreiflich, aber sie können es nicht rechtfertigen, denn sie fallen augenscheinlich nicht der Gattung, sondern nur den Pfuschern, die in ihr gestümpert haben, zur Last. Es ist an und für sich gleichgültig, ob der *Zeiger* der Uhr von *Gold* oder von *Messing* ist, und es kommt nicht darauf an, ob eine in sich bedeutende, d. h. symbolische Handlung sich in einer niederen oder einer gesellschaftlich

höheren Sphäre ereignet. Aber freilich, wenn in der
heroischen Tragödie die *Schwere* des *Stoffs*, das Gewicht
der sich unmittelbar daran knüpfenden Reflexionen eher
bis auf einen gewissen Grad für die *Mängel* der *tragischen Form* entschädigt, so hängt im bürgerlichen Trauerspiel *alles* davon ab, ob der *Ring* der tragischen *Form
geschlossen*, d. h. ob der Punkt erreicht wurde, wo uns
einesteils nicht mehr die kümmerliche Teilnahme an dem
Einzelgeschick einer von dem Dichter willkürlich auf-
gegriffenen Person zugemutet, sondern dieses in ein   10
allgemeinmenschliches, wenn auch nur in extremen Fällen so schneidend hervortretendes, aufgelöst wird und
wo uns andernteils neben dem, von der sogenannten
Versöhnung unserer Aesthetici, welche sie in einem in
der *wahren* Tragödie – die es mit dem durchaus *Unauf-*   15
löslichen und nur durch ein unfruchtbares Hinwegdenken
des von vornherein zuzugebenden Faktums zu Beseiti-
genden zu tun hat – *unmöglichen,* in der auf *konventio-
nelle* Verwirrungen gebauten aber *leicht herbeizuführen-
den schließlichen *Embrassement* der anfangs auf *Tod und*   20
Leben entzweiten Gegensätze zu erblicken pflegen, aufs
strengste zu unterscheidenden *Resultat* des Kampfes, zugleich auch die *Notwendigkeit*, es gerade auf *diesem* und
keinem andern Wege zu erreichen, entgegentritt. In dem
letzten Punkt, der Erläuterung wegen werde es bemerkt,   25
ist die Ottilie der Wahlverwandtschaften ein vielleicht
für alle Zeiten unerreichbares Meisterstück, und gerade
hierin, hierin aber auch allein, lag Goethes künstlerisches
Recht, ein so ungeheures Schicksal aus einer an den Ödip
erinnernden Willenlosigkeit abzuleiten, da die himm-   30
lische Schönheit einer so ganz innerlichen Natur sich
nicht in einem ruhigen, sondern nur im allergewaltsam-
sten Zustande aufdecken konnte. Hiernach, zualler-
nächst z. B. nach dem Verhältnis der Anekdote zu den
im Hintergrund derselben sich mit ihren positiven und   35
negativen Seiten bewegenden sittlichen Mächten der Fa-

milie, der Ehre und der Moral, wäre denn auch bei meinem Stück allein zu fragen, nicht aber nach der sogenannten „blühenden Diktion", diesem jammervollen bunten Kattun, worin die Marionetten sich spreizen, oder nach der Zahl der hübschen Bilder, der Prachtsentenzen und Beschreibungen und anderen Unterschönheiten, an denen arm zu sein die erste Folge des Reichtums ist. Die Erbfehler des bürgerlichen Trauerspiels, deren ich oben gedachte, habe ich vermieden, das weiß ich, unstreitig habe ich andere dafür begangen. Welche? Das möchte ich am liebsten von den einsichtsvollen Beurteilern meiner Genoveva im Vaterland und in den Blättern für literarische Unterhaltung, denen ich hier für ihre gründlichen und geistreichen Rezensionen öffentlich meinen Dank ausspreche, erfahren.

Paris, den 4. März 1844

Sr. Majestät, dem

König Christian dem Achten von Dänemark,

in tiefster Ehrfurcht gewidmet

Dem Dichter ist es an- und eingeboren,
  Daß er sich lange in sich selbst versenkt
Und, in das innre Labyrinth verloren,
  Des äußeren der Welt erst spät gedenkt;
Und dennoch hat ihn die Natur erkoren,   5
  Zu zeigen, wie sich dies mit dem verschränkt,
Und es in klarem Bilde darzustellen,
Wie beide sich ergänzen und erhellen.

Denn nicht, wie wohl ein ird'scher Künstler, spielend,
  Wenn er zurück von seiner Tafel trat,   10
Dem Lieblingskind, das, lüstern darnach schielend,
  Schon längst ihn still um seinen Griffel bat,
Ihn freundlich darreicht, auf nichts andres zielend,
  Als daß es, träumend von gewalt'ger Tat,
Sein Meisterstück in toten, groben Zügen   15
Nachbilde, wie es kann, sich zu vergnügen;

Nur, weil sie selbst, ins einzelste zerfließend,
  Sich endlich auch doch konzentrieren muß
Und, in dem Teil als Ganzes sich genießend,
  Den Anfang wieder finden in dem Schluß,   20
Der, sich mit der Idee zusammenschließend,
  Ihr erst verschafft den höchsten Selbstgenuß,
Den alle untern Stufen ihr verneinen:
Rein, ganz und unverworren zu erscheinen;

Nur darum hat sie, statt ihn zu zerbrechen,   25
  Dem Menschen ihren Zauberstab vertraut,
Als sie, bereit, ihr: Es ist gut! zu sprechen,
  Zum letzten Mal das Weltall überschaut,
Und dieser stellt nun, das Gesetz zu rächen
  Am plumpen Stoff, dem ewig davor graut,   30
In den geschloßnen ersten Kreis den zweiten,
Wo sie nur noch harmonisch sich bestreiten.

Und, anfangs schaurend vor der hohen Gabe,
  Wird sich der fromme Künstler bald bewußt,

Daß er zum Dank sich selbst zu opfern habe,
   Und steigt nun tief hinab in seine Brust;
Er fragt nicht, ob ihn auch die Nacht begrabe,
   Er geht, so weit er kann, in banger Lust,
Und führt sein Narr im Wappen die Versöhnung,
Er hofft nur kaum auf sie, wie auf die Krönung!

Doch, wenn er lange so den roten Faden
   Aus sich hervorspinnt, der ihn führen kann,
So wird er plötzlich durch den Geist geladen:
   Nun lege ihn in der Geschichte an!
Dies ist ein wahrer Ruf von Gottes Gnaden,
   Und wer nicht folgt, der zeigt, daß er zerrann!
Ich habe vorlängst diesen Ruf vernommen,
Da hab ich nicht gesäumt, ich bin gekommen.

Und wie mein Blick sich lenkte in das Weite,
   War mir auch flugs die Sehnsucht eingeflößt,
Die äußre Welt zu schaun in ihrer Breite,
   Allein der Mittel sah ich mich entblößt.
Doch gleich stand mir ein Genius zur Seite,
   Und von der Scholle ward mein Fuß gelöst,
Und was dies hieß, das kann ich jetzt erst wägen,
Wo sich zur Frucht verdichten will der Segen.

Du warst es, Herr und Fürst! Laß dir's gefallen,
   Daß ich zum Danke jetzt dies kleine Bild,
Vielleicht das einfach-schlichteste von allen,
   Worin sich mir das Weltgeschick enthüllt,
Dir bringe, und wenn sich's für Königshallen
   Auch schlecht nur eignet, sei ihm dennoch mild!
Es ist des neuen Frühlings erstes Zeichen,
Und als das *erste* durfte ich's dir reichen!

PERSONEN

Meister Anton, *ein Tischler*
Seine Frau
Klara, *seine Tochter*
Karl, *sein Sohn*
Leonhard
Ein Sekretär
Wolfram, *ein Kaufmann*
Adam, *ein Gerichtsdiener*
Ein zweiter Gerichtsdiener
Ein Knabe
Eine Magd

Ort: *eine mittlere Stadt*

ERSTER AKT

Zimmer im Hause des Tischlermeisters.

ERSTE SZENE

Klara. Die Mutter.

K l a r a. Dein Hochzeitskleid? Ei, wie es dir steht! Es ist, als ob's zu heut gemacht wäre!

M u t t e r. Ja, Kind, die Mode läuft so lange vorwärts, bis sie nicht weiter kann und umkehren muß. Dies Kleid war schon zehnmal aus der Mode und kam immer wieder hinein.

K l a r a. Diesmal doch nicht ganz, liebe Mutter! Die Ärmel sind zu weit. Es muß dich nicht verdrießen!

M u t t e r *(lächelnd)*. Dann müßt' ich du sein!

K l a r a. So hast du also ausgesehen! Aber einen Kranz trugst du doch auch, nicht wahr?

M u t t e r. Will's hoffen! Wozu hätt' ich sonst den Myrtenbaum jahrelang im Scherben gepflegt!

K l a r a. Ich hab dich so oft gebeten, und du hast es nie angezogen, du sagtest immer: mein Brautkleid ist's nicht mehr, es ist nun mein Leichenkleid, und damit soll man nicht spielen. Ich mocht' es zuletzt gar nicht mehr sehen, weil es mich, wenn es so weiß dahing, immer an deinen Tod und an den Tag erinnerte, wo die alten Weiber es dir über den Kopf ziehen würden. – Warum denn heut?

M u t t e r. Wenn man so schwer krank liegt, wie ich, und nicht weiß, ob man wieder gesund wird, da geht einem gar manches im Kopf herum. Der Tod ist schrecklicher, als man glaubt, oh, er ist bitter! Er verdüstert die Welt, er bläst all die Lichter, eins nach dem andern, aus, die so bunt und lustig um uns her schimmern, die freundlichen Augen des Mannes und der Kinder hören zu leuchten auf, und es wird finster allenthalben,

aber im Herzen zündet er ein Licht an, da wird's hell,
und man sieht viel, sehr viel, was man nicht sehen
mag. Ich bin mir eben nichts Böses bewußt, ich bin auf
Gottes Wegen gegangen, ich habe im Hause geschafft,
was ich konnte, ich habe dich und deinen Bruder in
der Furcht des Herrn aufgezogen und den sauren
Schweiß eures Vaters zusammengehalten, ich habe aber
immer auch einen Pfenning für die Armen zu erübrigen
gewußt, und wenn ich zuweilen einen abwies, weil
ich gerade verdrießlich war oder weil zu viele kamen,
so war es kein Unglück für ihn, denn ich rief ihn gewiß wieder um und gab ihm doppelt. Ach, was ist das
alles! Man zittert doch vor der letzten Stunde, wenn sie
hereindroht, man krümmt sich wie ein Wurm, man fleht
zu Gott ums Leben, wie ein Diener den Herrn anfleht,
die schlecht gemachte Arbeit noch einmal verrichten zu
dürfen, um am Lohntag nicht zu kurz zu kommen.

K l a r a. Hör davon auf, liebe Mutter, dich greift's an!

M u t t e r. Nein, Kind, mir tut's wohl! Steh ich denn
nicht gesund und kräftig wieder da? Hat der Herr
mich nicht bloß gerufen, damit ich erkennen möchte,
daß mein Feierkleid noch nicht fleckenlos und rein ist,
und hat er mich nicht an der Pforte des Grabes wieder
umkehren lassen und mir Frist gegeben, mich zu
schmücken für die himmlische Hochzeit? So gnadenvoll   20
war er gegen jene sieben Jungfrauen im Evangelium,
das du mir gestern abend vorlesen mußtest, nicht!
Darum habe ich heute, da ich zum heiligen Abendmahl gehe, dies Gewand angelegt. Ich trug es den
Tag, wo ich die frömmsten und besten Vorsätze mei-   30
nes Lebens faßte. Es soll mich an die mahnen, die ich
noch nicht gehalten habe!

K l a r a. Du sprichst noch immer wie in deiner Krankheit!

ZWEITE SZENE

K a r l *(tritt auf)*. Guten Morgen, Mutter! Nun, Klara,   35
möchtest du mich leiden, wenn ich nicht dein Bruder
wäre?

K l a r a. Eine goldene Kette? Woher hast du die?

K a r l. Wofür schwitz ich? Warum arbeit ich abends zwei Stunden länger als die anderen? Du bist impertinent!

M u t t e r. Zank am Sonntagmorgen? Schäme dich, Karl!

K a r l. Mutter, hast du nicht einen Gulden für mich?

M u t t e r. Ich habe kein Geld, als was zur Haushaltung gehört.

K a r l. Gib nur immer davon her! Ich will nicht murren, wenn du die Eierkuchen vierzehn Tage lang etwas magerer bäckst. So hast du's schon oft gemacht! Ich weiß das wohl! Als für Klaras weißes Kleid gespart wurde, da kam monatelang nichts Leckeres auf den Tisch. Ich drückte die Augen zu, aber ich wußte recht gut, daß ein neuer Kopfputz oder ein anderes Fahnenstück auf dem Wege war. Laß mich denn auch einmal davon profitieren!

M u t t e r. Du bist unverschämt!

K a r l. Ich hab nur keine Zeit, sonst – *(Er will gehen.)*

M u t t e r. Wohin gehst du?

K a r l. Ich will's dir nicht sagen, dann kannst du, wenn der alte Brummbär nach mir fragt, ohne rot zu werden, antworten, daß du's nicht weißt. Übrigens brauch ich deinen Gulden gar nicht, es ist das beste, daß nicht alles Wasser aus einem Brunnen geschöpft werden soll. *(Für sich.)* Hier im Hause glauben sie von mir ja doch immer das Schlimmste; wie sollt' es mich nicht freuen, sie in der Angst zu erhalten? Warum sollt' ich's sagen, daß ich, da ich den Gulden nicht bekomme, nun schon in die Kirche gehen muß, wenn mir nicht ein Bekannter aus der Verlegenheit hilft? *(Ab.)*

DRITTE SZENE

K l a r a. Was soll das heißen?

M u t t e r. Ach, er macht mir Herzeleid! Ja, ja, der Vater hat recht, das sind die Folgen! So allerliebst, wie er als kleiner Lockenkopf um das Stück Zucker bat, so trotzig fordert er jetzt den Gulden! Ob er den

Gulden wirklich nicht fordern würde, wenn ich ihm
das Stück Zucker abgeschlagen hätte? Das peinigt mich
oft! Und ich glaube, er liebt mich nicht einmal. Hast
du ihn ein einziges Mal weinen sehen während meiner
Krankheit?

K l a r a. Ich sah ihn ja nur selten, fast nicht anders als
bei Tisch. Mehr Appetit hatte er als ich!

M u t t e r *(schnell).* Das war natürlich, er mußte die
schwere Arbeit verrichten!

K l a r a. Freilich! Und wie die Männer sind! Die schämen
sich ihrer Tränen mehr als ihrer Sünden! Eine
geballte Faust, warum die nicht zeigen, aber ein weinendes
Auge? Auch der Vater! Schluchzte er nicht den
Nachmittag, wo dir zur Ader gelassen wurde und
kein Blut kommen wollte, an seiner Hobelbank, daß
mir's durch die Seele ging! Aber als ich nun zu ihm
trat und ihm über die Backen strich, was sagte er?
Versuch doch, ob du mir den verfluchten Span nicht
aus dem Auge herausbringen kannst, man hat so viel
zu tun und kommt nicht vom Fleck!

M u t t e r *(lächelnd).* Ja, ja! Ich sehe den Leonhard ja
gar nicht mehr. Wie kommt das?

K l a r a. Mag er wegbleiben!

M u t t e r. Ich will nicht hoffen, daß du ihn anderswo
siehst als hier im Hause!

K l a r a. Bleib ich etwa zu lange weg, wenn ich abends
zum Brunnen gehe, daß du Grund zum Verdacht hast?

M u t t e r. Nein, das nicht! Aber nur darum hab ich ihm
Erlaubnis gegeben, daß er zu uns kommen darf, damit
er dir nicht bei Nebel und Nacht aufpassen soll. Das
hat meine Mutter auch nicht gelitten!

K l a r a. Ich seh ihn nicht!

M u t t e r. Schmollt ihr miteinander? Ich mag ihn sonst
wohl leiden, er ist so gesetzt! Wenn er nur erst etwas
wäre! Zu meiner Zeit hätt' er nicht lange warten dürfen,
da rissen die Herren sich um einen geschickten
Schreiber wie die Lahmen um die Krücke, denn sie waren
selten. Auch wir geringeren Leute konnten ihn
brauchen. Heute setzte er dem Sohn einen Neujahrswunsch
für den Vater auf und erhielt allein für den

vergoldeten Anfangsbuchstaben so viel, daß man einem Kinde eine Docke dafür hätte kaufen können. Morgen gab ihm der Vater einen Wink und ließ sich den Wunsch vorlesen, heimlich, bei verschlossenen Türen, um nicht überrascht zu werden und die Unwissenheit aufgedeckt zu sehen. Das gab doppelte Bezahlung. Da waren die Schreiber obenauf und machten das Bier teuer. Jetzt ist's anders, jetzt müssen wir Alten, die wir uns nicht aufs Lesen und Schreiben verstehen, uns von neunjährigen Buben ausspotten lassen! Die Welt wird immer klüger, vielleicht kommt noch einmal die Zeit, wo einer sich schämen muß, wenn er nicht auf dem Seil tanzen kann!

K l a r a. Es läutet!

M u t t e r. Nun, Kind, ich will für dich beten! Und was deinen Leonhard betrifft, so liebe ihn, wie er Gott liebt, nicht mehr, nicht weniger. So sprach meine alte Mutter zu mir, als sie aus der Welt ging und mir den Segen gab, ich habe ihn lange genug behalten, hier hast du ihn wieder!

K l a r a *(reicht ihr einen Strauß)*. Da!

M u t t e r. Der kommt gewiß von Karl!

K l a r a *(nickt; dann beiseite)*. Ich wollt', es wäre so! Was ihr eine rechte Freude machen soll, das muß von ihm kommen!

M u t t e r. Oh, er ist gut und hat mich lieb! *(Ab.)*

K l a r a *(sieht ihr durchs Fenster nach)*. Da geht sie! Dreimal träumt' ich, sie läge im Sarg, und nun – o die boshaften Träume, sie kleiden sich in unsere Furcht, um unsre Hoffnung zu erschrecken! Ich will mich niemals wieder an einen Traum kehren, ich will mich über einen guten nicht wieder freuen, damit ich mich über den bösen, der ihm folgt, nicht wieder zu ängstigen brauche! Wie sie fest und sicher ausschreitet! Schon ist sie dem Kirchhof nah – wer wohl der erste ist, der ihr begegnet? Es soll nichts bedeuten, nein, ich meine nur – *(Erschrocken zusammenfahrend.)* Der Totengräber! Er hat eben ein Grab gemacht und steigt daraus hervor, sie grüßt ihn und blickt lächelnd in die düstre Grube hinab, nun wirft sie den Blumenstrauß hinunter und tritt in die Kirche. *(Man hört einen Choral.)* Sie singen: Nun danket alle Gott! *(Sie faltet die Hände.)* Ja! Ja! Wenn meine Mutter gestorben wäre, nie wär' ich wieder ruhig geworden, denn — — *(Mit einem Blick gen Himmel.)* Aber du bist gnädig, du bist barmherzig! Ich wollt', ich hätt' einen Glauben wie die Katholischen, daß ich dir etwas schenken dürfte! Meine ganze Sparbüchse wollt' ich leeren und dir ein schönes vergoldetes Herz kaufen und es mit Rosen umwinden. Unser Pfarrer sagt, vor dir seien die Opfer nichts, denn alles sei dein, und man müßte dir das, was du schon hast, nicht erst geben wollen! Aber alles, was im Hause ist, gehört meinem Vater doch auch, und dennoch sieht er's gar gern, wenn ich ihm für sein eignes Geld ein Tuch kaufe und es sauber sticke und ihm zum Geburtstag auf den Teller lege. Ja, er tut mir die Ehre an und trägt's nur an den höchsten Feiertagen, zu Weihnacht oder zu Pfingsten! Einmal sah ich ein ganz kleines katholisches Mädchen, das seine Kirschen zum Altar trug. Wie gefiel mir das! Es waren die ersten im Jahr, die das Kind bekam, ich sah, wie es brannte, sie zu essen! Dennoch bekämpfte es seine unschuldige Begierde, es warf sie, um nur der Versuchung ein Ende zu machen, rasch hin, der Meß-pfaff, der eben den Kelch erhob, schaute finster drein, und das Kind eilte erschreckt von dannen, aber die Maria über dem Altar lächelte so mild, als wünschte sie aus ihrem Rahmen herauszutreten, um dem Kind nachzueilen und es zu küssen. Ich tat's für sie! Da kommt Leonhard! Ach!

VIERTE SZENE

L e o n h a r d *(vor der Tür)*. Angezogen?

K l a r a. Warum so zart, so rücksichtsvoll? Ich bin noch immer keine Prinzessin.

L e o n h a r d *(tritt ein)*. Ich glaubte, du wärst nicht allein! Im Vorübergehen kam es mir vor, als ob Nach-bars Bärbchen am Fenster stände!

K l a r a. Also darum!

L e o n h a r d. Du bist immer verdrießlich! Man kann vierzehn Tage weggeblieben sein, Regen und Sonnenschein können sich am Himmel zehnmal abgelöst haben, in deinem Gesicht steht, wenn man endlich wiederkommt, immer noch die alte Wolke!

K l a r a. Es gab andere Zeiten!

L e o n h a r d. Wahrhaftig! Hättest du immer ausgesehen wie jetzt, wir wären niemals gut Freund geworden!

K l a r a. Was lag daran!

L e o n h a r d. So frei fühlst du dich von mir? Mir kann's recht sein! Dann *(mit Beziehung)* hat dein Zahnweh von neulich nichts zu bedeuten gehabt!

K l a r a. O Leonhard, es war nicht recht von dir!

L e o n h a r d. Nicht recht, daß ich mein höchstes Gut, denn das bist du, auch durch das letzte Band an mich fest zu knüpfen suchte? Und in dem Augenblick, wo ich in Gefahr stand, es zu verlieren? Meinst du, ich sah die stillen Blicke nicht, die du mit dem Sekretär wechseltest? Das war ein schöner Freudentag für mich! Ich führte dich zum Tanz, und –

K l a r a. Du hörst nicht auf, mich zu kränken! Ich sah den Sekretär an, warum sollt' ich's leugnen? Aber nur wegen des Schnurrbarts, den er sich auf der Akademie hat wachsen lassen und der ihm – *(Sie hält inne.)*

L e o n h a r d. So gut steht, nicht wahr? Das wolltest du doch sagen? O ihr Weiber! Euch gefällt das Soldatenzeichen noch in der ärgsten Karikatur! Mir kam das kleine, lächerlich-runde Gesicht des Gecken, ich bin erbittert auf ihn, ich verhehle es nicht, er hat mir lange genug bei dir im Wege gestanden, mit dem Walde von Haaren, der es in der Mitte durchschneidet, wie ein weißes Kaninchen vor, das sich hinter den Busch verkriecht.

K l a r a. Ich habe ihn noch nicht gelobt, du brauchst ihn nicht herabzusetzen.

L e o n h a r d. Du scheinst noch immer warmen Anteil an ihm zu nehmen!

K l a r a. Wir haben als Kinder zusammen gespielt, und nachher – du weißt recht gut!

L e o n h a r d. O ja, ich weiß! Aber eben darum!

K l a r a. Da war es wohl natürlich, daß ich, nun ich ihn seit so langer Zeit zum erstenmal wieder erblickte, ihn ansah und mich verwunderte, wie groß und – (Sie unterbricht sich.)

L e o n h a r d. Warum wurdest du denn rot, als er dich wieder ansah?

K l a r a. Ich glaubte, er sähe nach dem Wärzchen auf meiner linken Backe, ob das auch größer geworden sei! Du weißt, daß ich mir dies allemal einbilde, wenn mich jemand so starr betrachtet, und daß ich dann immer rot werde. Ist mir's doch, als ob die Warze wächst, solange einer darnach kuckt!

L e o n h a r d. Sei's, wie es sei, mich überlief's, und ich dachte: noch diesen Abend stell ich sie auf die Probe! Will sie mein Weib werden, so weiß sie, daß sie nichts wagt. Sagt sie nein, so –

K l a r a. Oh, du sprachst ein böses, böses Wort, als ich dich zurückstieß und von der Bank aufsprang. Der Mond, der bisher zu meinem Beistand so fromm in die Laube hinein geschienen hatte, ertrank kläglich in den nassen Wolken, ich wollte forteilen, doch ich fühlte mich zurückgehalten, ich glaubte erst, du wärst es, aber es war der Rosenbusch, der mein Kleid mit seinen Dornen, wie mit Zähnen, festhielt, du lästertest mein Herz, und ich traute ihm selbst nicht mehr, du standst vor mir wie einer, der eine Schuld einfordert, ich – ach Gott!

L e o n h a r d. Ich kann's noch nicht bereuen. Ich weiß, daß ich dich mir nur so erhalten konnte. Die alte Jugendliebe tat die Augen wieder auf, ich konnte sie nicht schnell genug zudrücken.

K l a r a. Als ich zu Hause kam, fand ich meine Mutter krank, todkrank. Plötzlich dahingeworfen, wie von unsichtbarer Hand. Der Vater hatte nach mir schicken wollen, er hatte es nicht zugegeben, um mich in meiner Freude nicht zu stören. Wie ward mir zumut, als ich's hörte! Ich hielt mich fern, ich wagte nicht, sie

zu berühren, ich zitterte. Sie nahm's für kindliche
Besorgnis und winkte mich zu sich heran, als ich mich
langsam nahte, zog sie mich zu sich nieder und küßte
meinen entweihten Mund. Ich verging, ich hätte ihr
ein Geständnis tun, ich hätte ihr zuschreien mögen,
was ich dachte und fühlte: meinetwegen liegst du so
da! Ich tat's, aber Tränen und Schluchzen erstickten
die Worte, sie griff nach der Hand meines Vaters und
sprach mit einem seligen Blick auf mich: welch ein
Gemüt!

L e o n h a r d. Sie ist wieder gesund. Ich kam, ihr meinen Glückwunsch abzustatten, und – was meinst du?

K l a r a. Und?

L e o n h a r d. Bei deinem Vater um dich anzuhalten!

K l a r a. Ach!

L e o n h a r d. Ist dir's nicht recht?

K l a r a. Nicht recht? Mein Tod wär's, wenn ich nicht
bald dein Weib würde, aber du kennst meinen Vater
nicht! Er weiß nicht, warum wir Eile haben, er kann's
nicht wissen, und wir können's ihm nicht sagen, und er
hat hundertmal erklärt, daß er seine Tochter nur dem
gibt, der, wie er es nennt, nicht bloß Liebe im Herzen,
sondern auch Brot im Schrank für sie hat. Er wird
sprechen: wart noch ein Jahr, mein Sohn, oder zwei,
und was willst du antworten?

L e o n h a r d. Närrin, der Punkt ist ja gerade beseitigt!
Ich habe die Stelle, ich bin Kassierer!

K l a r a. Du bist Kassierer? Und der andere Kandidat,
der Neffe vom Pastor?

L e o n h a r d. War betrunken, als er zum Examen kam,
verbeugte sich gegen den Ofen, statt gegen den Bürgermeister, und stieß, als er sich niedersetzte, drei Tas-
sen vom Tisch. Du weißt, wie hitzig der Alte ist. Herr!
fuhr er auf, doch noch bekämpfte er sich und biß sich
auf die Lippen, aber seine Augen blitzten durch die
Brille, wie ein Paar Schlangen, die springen wollen,
und jede seiner Mienen spannte sich. Nun ging's ans
Rechnen, und, ha! ha! mein Mitbewerber rechnete
nach einem selbsterfundenen Einmaleins, das ganz
neue Resultate lieferte; der verrechnet sich! sprach der

Bürgermeister und reichte mir mit einem Blick, in dem
schon die Bestallung lag, die Hand, die ich, obgleich sie
nach Tabak roch, demütig an die Lippen führte, hier
ist sie selbst, unterschrieben und besiegelt!

K l a r a. Das kommt –

L e o n h a r d. Unerwartet, nicht wahr? Nun, es kommt
auch nicht so ganz von ungefähr. Warum ließ ich mich
vierzehn Tage lang bei euch nicht sehen?

K l a r a. Was weiß ich? Ich denke, weil wir uns den
letzten Sonntag erzürnten!

L e o n h a r d. Den kleinen Zwist führte ich selbst listig
herbei, damit ich wegbleiben könnte, ohne daß es zu
sehr auffiele.

K l a r a. Ich versteh dich nicht!

L e o n h a r d. Glaub's. Die Zeit benutzt' ich dazu, der
kleinen buckligten Nichte des Bürgermeisters, die so
viel bei dem Alten gilt, die seine rechte Hand ist, wie
der Gerichtsdiener die linke, den Hof zu machen. Versteh mich recht! Ich sagte ihr selbst nichts Angenehmes,
ausgenommen ein Kompliment über ihre Haare, die
bekanntlich rot sind, ich sagte ihr nur einiges, das ihr
wohl gefiel, über dich!

K l a r a. Über mich?

L e o n h a r d. Warum sollt' ich's verschweigen? Geschah
es doch in der besten Absicht! Als ob es mir nie im
Ernst um dich zu tun gewesen wäre, als ob – Genug!
Das dauerte so lange, bis ich dies in Händen hatte, und
wie's gemeint war, wird die leichtgläubige, mannstolle
Törin erfahren, sobald sie uns in der Kirche aufbieten
hört!

K l a r a. Leonhard!

L e o n h a r d. Kind! Kind! Sei du ohne Falsch wie die
Taube, ich will klug wie die Schlange sein, dann ge-
nügen wir, da Mann und Weib doch nur eins sind, dem
Evangelienspruch vollkommen. (Lacht.) Es kam auch
nicht ganz von selbst, daß der junge Herrmann in dem
wichtigsten Augenblick seines Lebens betrunken war.
Du hast gewiß nicht gehört, daß der Mensch sich aufs
Trinken verlegt!

K l a r a. Kein Wort.

L e o n h a r d. Um so leichter glückte mein Plan. Mit
drei Gläsern war's getan. Ein paar Kameraden von
mir mußten ihm auf den Leib rücken. „Darf man
gratulieren?" Noch nicht! „Oh, das ist ja abgemacht!
Dein Onkel —" Und nun: trink, mein Brüderlein,
trink! Als ich heute morgen zu dir ging, stand er am
Fluß und kuckte, übers Brückengeländer sich lehnend,
schwermütig hinein. Ich grüßte ihn spöttisch und
fragte, ob ihm etwas ins Wasser gefallen sei? „Ja
wohl" — sagte er, ohne aufzusehen — „und es ist vielleicht gut, wenn ich selbst nachspringe."

K l a r a. Unwürdiger! Mir aus den Augen!

L e o n h a r d. Ja? *(Macht, als wollt' er gehen.)*

K l a r a. O mein Gott, an diesen Menschen bin ich ge-
kettet!

L e o n h a r d. Sei kein Kind! Und nun noch ein Wort
im Vertrauen. Hat dein Vater die tausend Taler noch
immer in der Apotheke stehen?

K l a r a. Ich weiß nichts davon.

L e o n h a r d. Nichts über einen so wichtigen Punkt?

K l a r a. Da kommt mein Vater.

L e o n h a r d. Versteh mich! Der Apotheker soll nah am
Konkurs sein, darum fragt' ich!

K l a r a. Ich muß in die Küche! *(Ab.)*

L e o n h a r d *(allein)*. Nun müßte hier nichts zu holen
sein! Ich kann es mir zwar nicht denken, denn der
Meister Anton ist der Art, daß er, wenn man ihm aus
Versehen auch nur einen Buchstaben zuviel auf den
Grabstein setzte, gewiß als Geist so lange umginge,
bis er wieder ausgekratzt wäre, denn er würde es für
unredlich halten, sich mehr vom Alphabet anzueignen,
als ihm zukäme!

FÜNFTE SZENE

D e r V a t e r, M e i s t e r A n t o n *(tritt ein)*. Guten
Morgen, Herr Kassierer! *(Er nimmt seinen Hut ab
und setzt eine wollene Mütze auf.)* Ist's einem alten
Manne erlaubt, sein Haupt zu bedecken?

Leonhard. Er weiß also –

Meister Anton. Schon gestern abend. Ich hörte, als
ich in der Dämmerung zum toten Müller ging, um
dem Mann das Maß zur letzten Behausung zu nehmen, ein paar von Seinen guten Freunden auf Ihn
schimpfen. Da dachte ich gleich: der Leonhard hat
gewiß den Hals nicht gebrochen. Im Sterbehause hörte
ich das Nähere vom Küster, der eben vor mir gekommen war, um die Witwe zu trösten und nebenbei sich
selbst zu betrinken.

Leonhard. Und Klara mußte es erst von mir erfahren?

Meister Anton. Wenn es Ihn nicht trieb, der Dirne
die Freude zu machen, wie sollt' es mich treiben? Ich
stecke in meinem Hause keine Kerzen an, als die mir
selbst gehören. Dann weiß ich, daß niemand kommen
kann, der sie wieder ausbläst, wenn wir eben unsre
beste Lust daran haben!

Leonhard. Er konnte doch von mir nicht denken –

Meister Anton. Denken? Über Ihn? Über irgend-
einen? Ich hoble mir die Bretter wohl zurecht mit meinem Eisen, aber nie die Menschen mit meinen Gedanken. Über die Torheit bin ich längst hinaus. Wenn ich
einen Baum grünen sehe, so denk ich wohl: nun wird
er bald blühen! Und wenn er blüht: nun wird er
Früchte bringen! Darin sehe ich mich auch nicht ge-
täuscht, darum geb ich die alte Gewohnheit nicht auf.
Aber über Menschen denke ich nichts, gar nichts, nichts
Schlimmes, nichts Gutes, dann brauch ich nicht ab-
wechselnd, wenn sie bald meine Furcht, bald meine
Hoffnung täuschen, rot oder blaß zu werden. Ich
mache bloß Erfahrungen über sie und nehme mir ein
Beispiel an meinen beiden Augen, die auch nicht denken, sondern nur sehen. Über Ihn glaubte ich schon
eine ganze Erfahrung gemacht zu haben, nun finde ich
Ihn hier und muß bekennen, daß es doch nur eine
halbe gewesen ist!

Leonhard. Meister Anton, Er macht es ganz verkehrt. Der Baum hängt von Wind und Wetter ab, der
Mensch hat in sich Gesetz und Regel!

Meister Anton. Meint Er? Ja, wir Alten sind dem Tod vielen Dank schuldig, daß er uns noch so lange unter euch Jungen herumlaufen läßt und uns Gelegenheit gibt, uns zu bilden. Früher glaubte die dumme Welt, der Vater sei dazu da, um den Sohn zu erziehen. Umgekehrt, der Sohn soll dem Vater die letzte Politur geben, damit der arme einfältige Mann sich im Grabe nicht vor den Würmern zu schämen braucht. Gott Lob, ich habe in meinem Karl einen braven Lehrer, der rücksichtslos und, ohne das alte Kind durch Nachsicht zu verzärteln, gegen meine Vorurteile zu Felde zieht. So hat er mir noch heute morgen zwei neue Lehren gegeben, und auf die geschickteste Weise, ohne auch nur den Mund aufzutun, ohne sich bei mir sehen zu lassen, ja, eben dadurch. Erstlich hat er mir gezeigt, daß man sein Wort nicht zu halten braucht, zweitens, daß es überflüssig ist, in die Kirche zu gehen und Gottes Gebote in sich aufzufrischen. Gestern abend versprach er mir, es zu tun, und ich verließ mich darauf, daß er kommen würde, denn ich dachte: er wird dem gütigen Schöpfer doch für die Wiederherstellung seiner Mutter danken wollen. Aber er war nicht da, ich hatte es in meinem Stuhl, der freilich für zwei Personen ein wenig eng ist, ganz bequem. Ob es ihm wohl ganz recht wäre, wenn ich mir die neue Lehre gleich zu eigen machte und ihm auch mein Wort nicht hielte? Ich habe ihm zu seinem Geburtstag einen neuen Anzug versprochen und hätte also Gelegenheit, seine Freude über meine Gelehrigkeit zu prüfen. Aber das Vorurteil, das Vorurteil! Ich werde es nicht tun!

Leonhard. Vielleicht war er unwohl –

Meister Anton. Möglich, ich brauche meine Frau nur zu fragen, dann hör ich ganz gewiß, daß er krank ist. Denn über alles in der Welt sagt sie mir die Wahrheit, nur nicht über den Jungen. Und wenn auch nicht krank – auch das hat die junge Welt vor uns Alten voraus, daß sie allenthalben ihre Erbauung findet, daß sie beim Vogelfangen, beim Spazierengehen, ja im Wirtshaus ihre Andacht halten kann. „Vater unser, der du bist im Himmel!" – Guten Tag, Peter, sieht man dich beim Abendtanz? – „Geheiligt werde dein Name!" – Ja, lach nur, Kathrine, es findet sich! – „Dein Wille geschehe!" – Hol mich der Teufel, ich bin noch nicht rasiert! – Und so zu Ende, und den Segen gibt man sich selbst, denn man ist ja ein Mensch, so gut wie der Prediger, und die Kraft, die vom schwarzen Rock ausgeht, steckt gewiß auch im blauen. Ich habe auch nichts dagegen, und wollt ihr sogar zwischen die sieben Bitten sieben Gläser einschalten, was tut's, ich kann's keinem beweisen, daß Bier und Religion sich nicht miteinander vertragen, und vielleicht kommt's noch einmal als eine neue Art, das Abendmahl zu nehmen, in die Liturgie. Ich alter Sünder freilich, ich bin nicht stark genug, um die Mode mitzumachen, ich kann die Andacht nicht, wie einen Maikäfer, auf der Straße einfangen, bei mir kann das Gezwitscher der Spatzen und Schwalben die Stelle der Orgel nicht vertreten, wenn ich mein Herz erhoben fühlen soll, so muß ich erst die schweren eisernen Kirchtüren hinter mir zuschlagen hören und mir einbilden, es seien die Tore der Welt gewesen, die düstern hohen Mauern mit den schmalen Fenstern, die das helle freche Weltlicht nur verdunkelt durchlassen, als ob sie es sichteten, müßten sich um mich zusammendrängen, und in der Ferne muß ich das Beinhaus mit dem eingemauerten Totenkopf sehen können. Nun – besser ist besser!

Leonhard. Er nimmt's auch zu genau.

Meister Anton. Gewiß! Ganz gewiß! Und heute, als ehrlicher Mann muß ich's gestehen, trifft's nicht einmal zu, in der Kirche verlor ich die Andacht, denn der offene Platz neben mir verdroß mich, und draußen, unter dem Birnbaum in meinem Garten, fand ich sie wieder. Er wundert sich? Sieh Er, ich ging betrübt und niedergeschlagen zu Hause, wie einer, dem die Ernte verhagelt ist, denn Kinder sind wie Äcker, man sät sein gutes Korn hinein, und dann geht Unkraut auf. Unter dem Birnbaum, den die Raupen abgefressen haben, stand ich still. „Ja" – dacht' ich – „der Junge ist, wie dieser da, leer und kahl!" Da kam es mir auf einmal vor, als ob ich sehr durstig wäre und durchaus ins Wirtshaus müßte. Ich betrog mich selbst, mir war nicht um ein Glas Bier zu tun, nur darum, den Burschen aufzusuchen und auszuschmälen, im Wirtshaus, das wußte ich, hätte ich ihn ganz gewiß gefunden. Eben wollt' ich gehen, da ließ der alte, vernünftige Baum eine saftige Birne zu meinen Füßen niederfallen, als wollt' er sagen: die ist für den Durst, und weil du mich durch den Vergleich mit deinem Schlingel verschimpfiert hast! Ich besann mich, biß hinein und ging ins Haus.

L e o n h a r d. Weiß Er, daß der Apotheker nah am Konkurs ist?

M e i s t e r A n t o n. Was kümmert's mich!

L e o n h a r d. So gar nichts?

M e i s t e r A n t o n. Doch! Ich bin ein Christ. Der Mann hat viele Kinder!

L e o n h a r d. Und noch mehr Gläubiger. Auch die Kinder sind eine Art von Gläubigern.

M e i s t e r A n t o n. Wohl dem, der keins von beiden ist!

L e o n h a r d. Ich glaubte, Er selbst –

M e i s t e r A n t o n. Das ist längst abgemacht.

L e o n h a r d. Er ist ein vorsichtiger Mann. Er hat sein Geld gewiß gleich eingefordert, als er sah, daß es mit dem Kräuterhändler rückwärts ging!

M e i s t e r A n t o n. Ja, ich brauche nicht mehr zu zittern, daß ich es verliere, denn ich habe es längst verloren.

L e o n h a r d. Spaß!

M e i s t e r A n t o n. Ernst!

K l a r a *(sieht in die Tür)*. Rief Er, Vater?

M e i s t e r A n t o n. Klingen dir schon die Ohren? Von dir war die Rede noch nicht!

K l a r a. Das Wochenblatt! *(Ab.)*

L e o n h a r d. Er ist ein Philosoph!

M e i s t e r A n t o n. Was heißt das?

L e o n h a r d. Er weiß sich zu fassen!

M e i s t e r A n t o n. Ich trage einen *Mühlstein* wohl zuweilen als *Halskrause*, statt damit ins Wasser zu gehen – das gibt einen steifen Rücken!

L e o n h a r d. Wer's kann, macht's nach!

M e i s t e r A n t o n. Wer einen so wackern Mitträger
findet, als ich in Ihm zu finden scheine, der muß unter
der Last sogar tanzen können. Er ist ja ordentlich blaß
geworden! Das nenn ich Teilnahme!

L e o n h a r d. Er wird mich nicht verkennen!

M e i s t e r A n t o n. Gewiß nicht! *(Er trommelt auf
einer Kommode.)* Daß das Holz nicht durchsichtig ist,
wie?

L e o n h a r d. Ich versteh Ihn nicht!

M e i s t e r A n t o n. Wie einfältig war unser Großvater
Adam, daß er die Eva nahm, ob sie gleich nackt und
bloß war, und nicht einmal das Feigenblatt mitbrachte.
Wir beide, Er und ich, hätten sie als Landstreicherin
aus dem Paradiese herausgepeitscht! Was meint Er?

L e o n h a r d. Er ist ärgerlich auf Seinen Sohn. Ich kam,
Ihn um Seine Tochter –

M e i s t e r A n t o n. Halt Er ein! Vielleicht sag ich nicht
nein!

L e o n h a r d. Das hoff ich! Und ich will Ihm meine
Meinung sagen! Sogar die heiligen Erzväter verschmäh-
ten nicht den Mahlschatz ihrer Weiber, Jacob liebte
die Rahel und warb sieben Jahre um sie, aber er freute
sich auch über die fetten Widder und Schafe, die er in
ihres Vaters Dienst gewann. Ich denke, es gereicht ihm
nicht zur Schande, und ihn übertreffen heißt ihn rot
machen. Ich hätte es gern gesehen, wenn Seine Tochter
mir ein paar hundert Taler zugebracht hätte, und das
war natürlich, denn um so besser würde sie selbst es
bei mir gehabt haben, wenn ein Mädchen das Bett im
Koffer mitbringt, so braucht sie nicht erst Wolle zu
kratzen und Garn zu spinnen. Es ist nicht der Fall –
was tut's? Wir machen aus der Fastenspeise unser
Sonntagsessen und aus dem Sonntagsbraten unsern
Weihnachtsschmaus! So geht's auch!

M e i s t e r A n t o n *(reicht ihm die Hand).* Er spricht
brav, und unser Herrgott nickt zu seinen Worten,
nun – ich will's vergessen, daß meine Tochter vierzehn
Tage lang des Abends vergeblich beim Teetrinken eine
Tasse für Ihn auf den Tisch gestellt hat. Und nun Er

mein Schwiegersohn wird, will ich Ihm auch sagen,
wo die tausend Taler geblieben sind!

Leonhard *(beiseite).* Also doch weg! Nun, so brauch
ich mir von dem alten Werwolf auch nichts gefallen zu
lassen, wenn er mein Schwiegervater ist!

Meister Anton. Mir ging's in jungen Jahren
schlecht. Ich bin sowenig wie Er als ein borstiger Igel
zur Welt gekommen, aber ich bin nach und nach einer
geworden. Erst waren all die Stacheln bei mir nach innen gerichtet, da kniffen und drückten sie alle zu ihrem
Spaß auf meiner nachgiebigen glatten Haut herum
und freuten sich, wenn ich zusammenfuhr, weil die
Spitzen mir in Herz und Eingeweide drangen. Aber
das Ding gefiel mir nicht, ich kehrte meine Haut um,
nun fuhren ihnen die Borsten in die Finger, und ich
hatte Frieden.

Leonhard *(für sich).* Vor dem Teufel selbst, glaub ich!

Meister Anton. Mein Vater arbeitete sich, weil er
sich Tag und Nacht keine Ruhe gönnte, schon in seinem
dreißigsten Jahre zu Tode, meine arme Mutter er-
nährte mich mit Spinnen so gut es ging, ich wuchs auf,
ohne etwas zu lernen, ich hätte mir, als ich größer
wurde und doch noch immer nichts verdienen konnte,
wenigstens gern das Essen abgewöhnt, aber wenn ich
mich auch des Mittags zuweilen krank stellte und den
Teller zurückschob, was wollte es bedeuten? am Abend
zwang mich der Magen, mich wieder für gesund zu
erklären. Meine größte Pein war, daß ich so ungeschickt
blieb, ich konnte darüber mit mir selbst hadern, als
ob's meine eigene Schuld wäre, als ob ich mich im
Mutterleibe nur mit Freßzähnen versehen und alle
nützliche Eigenschaften und Fertigkeiten, wie absicht-
lich, darin zurückgelassen hätte, ich konnte rot werden, wenn mich die Sonne beschien. Gleich nach meiner Konfirmation trat der Mann, den sie gestern begraben haben, der Meister Gebhard, zu uns in die
Stube. Er runzelte die Stirn und verzog das Gesicht,
wie er immer tat, wenn er etwas Gutes beabsichtigte,
dann sagte er zu meiner Mutter: hat Sie Ihren Jungen
in die Welt gesetzt, daß er Ihr Nase und Ohren vom

Kopf fressen soll? Ich schämte mich und legte das Brot,
von dem ich mir gerade ein Stück abschneiden wollte,
schnell wieder in den Schrank, meine Mutter ärgerte
sich über das wohlgemeinte Wort, sie hielt ihr Rad an
und versetzte hitzig, ihr Sohn sei brav und gut. Nun,
das wollen wir sehen, sagte der Meister, wenn er Lust
hat, kann er gleich, wie er da steht, mit mir in die
Werkstatt gehen, Lehrgeld verlang ich nicht, die Kost
bekommt er, für Kleider will ich auch sorgen, und
wenn er früh aufstehen und spät zu Bette gehen will,
so soll's ihm an Gelegenheit, hie und wieder ein gutes
Trinkgeld für seine alte Mutter zu verdienen, nicht
fehlen. Meine Mutter fing zu weinen an, ich zu tanzen, als wir endlich zu Worte kamen, hielt der Meister
sich die Ohren zu, schritt hinaus und winkte mir. Den
Hut braucht' ich nicht aufzusetzen, denn ich hatte
keinen, ohne der Mutter auch nur Adjes zu sagen,
folgt' ich ihm, und als ich am nächsten Sonntag zum
ersten Mal auf ein Stündchen zu ihr zurück durfte,
gab er mir einen halben Schinken für sie mit. Gottes
Segen in des braven Mannes Gruft! Noch hör ich sein
halbzorniges: Tonerl, unter die Jacke damit, daß
meine Frau es nicht sieht!

L e o n h a r d. Kann Er auch weinen?

M e i s t e r   A n t o n *(trocknet sich die Augen).* Ja, daran darf ich nicht denken, so gut der Tränenbrunnen
auch in mir verstopft ist, das gibt jedesmal wieder
einen Riß. Nun, auch gut; wenn ich einmal wasser-
süchtig werde, so brauche ich mir wenigstens diese
Tropfen nicht mit abzapfen zu lassen. *(Mit einer plötz-
lichen Wendung.)* Was meint Er? Wenn Er den Mann,
dem Er alles verdankte, einmal an einem Sonntag-
nachmittag auf eine Pfeife Tabak besuchen wollte, und
Er träfe ihn verwirrt und verstört, ein Messer in der
Hand, dasselbe Messer, womit er ihm tausendmal sein
Vesperbrot abgeschnitten, blutig am Halse, und das
Tuch ängstlich bis ans Kinn hinaufziehend – –

L e o n h a r d. So ging der alte Gebhard bis an sein
Ende!

M e i s t e r   A n t o n. Der Narbe wegen. Und Er käme

noch eben zur rechten Zeit, Er könnte retten und helfen, aber nicht bloß dadurch, daß Er ihm das Messer
aus der Hand risse und die Wunde verbände, sondern
Er müßte auch lumpige tausend Taler, die Er erspart
hätte, hergeben, und das müßte sogar, um den kran-
ken Mann nur zur Annahme zu bewegen, ganz in der
Stille geschehen, was würde er tun?

L e o n h a r d. Ledig und los, wie ich bin, ohne Weib und
Kind, würde ich das Geld opfern.

M e i s t e r A n t o n. Und wenn Er zehn Weiber hätte,
wie die Türken, und so viel Kinder, als dem Vater
Abraham versprochen waren, und Er könnte sich auch
nur einen Augenblick bedenken, so wär' Er – nun, Er
wird mein Schwiegersohn! Jetzt weiß Er, wo das Geld
geblieben ist, heute konnt' ich es Ihm sagen, denn mein
alter Meister ist begraben, vor einem Monat hätt' ich's
noch auf dem Sterbebett bei mir behalten. Die Ver-
schreibung hab ich dem Toten, bevor sie den Sarg zu-
nagelten, unter den Kopf geschoben, wenn ich schreiben könnte, hätt' ich vorher ein: Ehrlich bezahlt! dar-
unter gesetzt, unwissend, wie ich bin, blieb mir nichts
übrig, als der Länge nach einen Riß ins Papier zu
machen. Nun wird er ruhig schlafen, und ich hoffe, ich
auch, wenn ich mich einst neben ihn hinstrecke.

SECHSTE SZENE

D i e M u t t e r *(tritt schnell ein).* Kennst mich noch?

M e i s t e r A n t o n *(auf das Hochzeitskleid deutend).*
Den Rahmen, ja wohl, der hat sich gehalten, das Bild
nicht recht. Es scheint sich viel Spinnweb darauf gesetzt zu haben, nun, die Zeit war lang genug dazu!

M u t t e r. Hab ich nicht einen aufrichtigen Mann? Doch,
ich brauch ihn nicht apart zu loben, Aufrichtigkeit ist
die Tugend der Ehemänner.

M e i s t e r A n t o n. Tut's dir leid, daß du mit 20 Jahren besser vergoldet warst als mit 50?

M u t t e r. Gewiß nicht! Wär's anders, so müßt' ich
mich ja für dich und mich schämen!

M e i s t e r   A n t o n. So gibst du mir einen Kuß! Ich
bin rasiert, und besser wie gewöhnlich!

M u t t e r. Ich sage ja, bloß um zu prüfen, ob du dich
noch auf die Kunst verstehst. Das fiel dir lange nicht
mehr ein!

M e i s t e r   A n t o n. Gute Hausmutter! Ich will nicht
verlangen, daß du mir die Augen zudrücken sollst, es
ist ein schweres Stück, ich will's für dich übernehmen,
ich will dir den letzten Liebesdienst erweisen, aber
Zeit mußt du mir lassen, hörst du, daß ich mich stähle
und vorbereite und nicht als Stümper bestehe. Noch
war's viel zu früh!

M u t t e r. Gott sei Dank, wir bleiben noch eine Weile
beisammen.

M e i s t e r   A n t o n. Ich hoff's auch, du hast ja ordentlich wieder rote Backen!

M u t t e r. Ein possierlicher Mensch, unser neuer Totengräber. Er machte ein Grab, als ich heute morgen über
den Kirchhof ging, ich fragte ihn, für wen es sei. „Für
wen Gott will", sagte er, „vielleicht für mich selbst, es
kann mir gehen wie meinem Großvater, der auch mal
eins auf den Vorrat gemacht hatte und in der Nacht,
als er aus dem Wirtshaus zu Hause kam, hineinfiel
und sich den Hals brach."

L e o n h a r d (der bisher im Wochenblatt gelesen hat).
Der Kerl ist nicht von hier, er kann uns vorlügen, was
ihm gefällt!

M u t t e r. Ich fragte ihn, warum wartet Er denn nicht,
bis man die Gräber bei Ihm bestellt? Ich bin heute
auf eine Hochzeit gebeten, sprach er, und da bin ich
Prophet genug, um zu wissen, daß ich's morgen noch
im Kopf spüren werde. Nun hat mir aber gewiß
jemand den Tort angetan und ist gestorben. Da müßt'
ich morgen beizeiten heraus und könnte nicht aus-
schlafen.

M e i s t e r   A n t o n. Hanswurst, hätt' ich gesagt, wenn
das Grab nun nicht paßt?

M u t t e r. Ich sagte es auch, aber der schüttelt die spitzen Antworten aus dem Ärmel wie der Teufel die
Flöhe. Ich habe das Maß nach dem Weber Veit genom-

men, sagte er, der ragt, wie König Saul, um einen
Kopf über uns alle hinaus, nun mag kommen wer will,
er wird sein Haus nicht zu klein finden, und wenn's
zu groß ist, so schadet's keinem als mir, denn als ehrlicher Mann laß ich mir keinen Fuß über die Sarg-
länge bezahlen. Ich warf meine Blumen hinein und
sprach: nun ist's besetzt!

M e i s t e r A n t o n. Ich denke, der Kerl hat bloß ge-
spaßt, und das ist schon sündlich genug. Gräber im
voraus machen hieße vorwitzig die Falle des Todes
aufstellen; den Halunken, der es täte, sollte man vom
Dienst jagen. *(Zu dem lesenden Leonhard.)* Was Neues?
Sucht ein Menschenfreund eine arme Witwe, die ein
paar hundert Taler brauchen kann? Oder umgekehrt
die arme Witwe den Menschenfreund, der sie geben
will?

L e o n h a r d. Die Polizei macht einen Juwelendiebstahl
bekannt. Wunderbar genug. Man sieht daraus, daß
trotz der schlechten Zeiten noch immer Leute unter
uns leben, die Juwelen besitzen.

M e i s t e r A n t o n. Ein Juwelendiebstahl? Bei wem?

L e o n h a r d. Beim Kaufmann Wolfram!

M e i s t e r A n t o n. Bei – Unmöglich! Da hat mein
Karl vor ein paar Tagen einen Sekretär poliert!

L e o n h a r d. Aus dem Sekretär verschwunden, richtig!

M u t t e r *(zu Meister Anton)*. Vergebe dir Gott dies
Wort!

M e i s t e r A n t o n. Du hast recht, es war ein nichtswürdiger Gedanke!

M u t t e r. Gegen deinen Sohn, das muß ich dir sagen,
bist du nur ein halber Vater.

M e i s t e r A n t o n. Frau, wir wollen heute nicht darüber sprechen!

M u t t e r. Er ist anders als du, muß er darum gleich
schlecht sein?

M e i s t e r A n t o n. Wo bleibt er denn jetzt? Die Mit-
tagsglocke hat längst geschlagen, ich wette, daß das
Essen draußen verkocht und verbrät, weil Klara heim-
liche Ordre hat, den Tisch nicht zu decken, bevor er
da ist.

Mutter. Wo sollt' er bleiben? Höchstens wird er Kegel schieben, und da muß er ja die entfernteste Bahn
aufsuchen, damit du ihn nicht entdeckst. Dann ist der
Rückweg natürlich lang. Ich weiß auch nicht, was du
gegen das unschuldige Spiel hast.

Meister Anton. Gegen das Spiel? Gar nichts! Vornehme Herren müssen einen Zeitvertreib haben. Ohne
den Karten-König hätte der wahre König gewiß oft
Langeweile, und wenn die Kegel nicht erfunden wären, wer weiß, ob Fürsten und Barone nicht mit unsern
Köpfen bosseln würden! Aber ein Handwerksmann
kann nicht ärger freveln, als wenn er seinen sauer verdienten Lohn aufs Spiel setzt. Der Mensch muß, was
er mit schwerer Mühe im Schweiß seines Angesichts
erwirbt, ehren, es hoch und wert halten, wenn er nicht
an sich selbst irre werden, wenn er nicht sein ganzes
Tun und Treiben verächtlich finden soll. Wie können
sich alle meine Nerven spannen für den Taler, den ich
wegwerfen will.

　　　　(Man hört draußen die Türklingel.)
Mutter. Da ist er.

SIEBENTE SZENE

Gerichtsdiener Adam und noch ein Ge-
richtsdiener *(treten ein).*
Adam *(zu Meister Anton).* Nun geh Er nur hin und
bezahl Er Seine Wette! *Leute im roten Rock mit blauen
Aufschlägen (dies betont er stark)* sollten Ihm nie ins
Haus kommen? Hier sind wir unsrer zwei! *(Zum zwei-
ten Gerichtsdiener.)* Warum behält Er Seinen Hut
nicht auf wie ich? Wer wird Umstände machen, wenn
er bei seinesgleichen ist?
Meister Anton. Bei deinesgleichen, Schuft?
Adam. Er hat recht, wir sind nicht bei unsersgleichen,
Schelme und Diebe sind nicht unsersgleichen! *(Er zeigt
auf die Kommode.)* Aufgeschlossen! Und dann drei
Schritt davon! Daß Er nichts herauspraktiziert!
Meister Anton. Was? Was?

K l a r a *(tritt mit Tischzeug ein).* Soll ich – *(Sie verstummt.)*

A`d a m *(zeigt ein Papier).* Kann Er geschriebene Schrift lesen?

M e i s t e r A n t o n. Soll ich können, was nicht einmal mein Schulmeister konnte?

A d a m. So hör Er! Sein Sohn hat Juwelen gestohlen. Den Dieb haben wir schon. Nun wollen wir Haussuchung halten!

M u t t e r. Jesus! *(Fällt um und stirbt.)*

K l a r a. Mutter! Mutter! Was sie für Augen macht!

L e o n h a r d. Ich will einen Arzt holen!

M e i s t e r A n t o n. Nicht nötig! Das ist das letzte Gesicht! Sah's hundertmal. Gute Nacht, Therese! Du starbst, als du's hörtest! Das soll man dir aufs Grab setzen!

L e o n h a r d. Es ist doch vielleicht – – *(Abgehend.)* Schrecklich! Aber gut für mich! *(Ab.)*

M e i s t e r A n t o n *(zieht ein Schlüsselbund hervor und wirft es von sich).* Da! Schließt auf! Kasten nach Kasten! Ein Beil her! Der Schlüssel zum Koffer ist verloren! Hei, Schelmen und Diebe! *(Er kehrt sich die Taschen um.)* Hier find ich nichts!

Z w e i t e r G e r i c h t s d i e n e r. Meister Anton, faß Er sich! Jeder weiß, daß Er der ehrlichste Mann in der Stadt ist.

M e i s t e r A n t o n. So? So? *(Lacht.)* Ja, ich hab die Ehrlichkeit in der Familie allein verbraucht! Der arme Junge! Es blieb nichts für ihn übrig! Die da – *(er zeigt auf die Tote)* war auch viel zu sittsam! Wer weiß, ob die Tochter nicht – *(Plötzlich zu Klara.)* Was meinst du, mein unschuldiges Kind?

K l a r a. Vater!

Z w e i t e r G e r i c h t s d i e n e r *(zu Adam).* Fühlt Er kein Mitleid?

A d a m. Kein Mitleid? Wühl ich dem alten Kerl in den Taschen? Zwing ich ihn, die Strümpfe auszuziehen und die Stiefel umzukehren? Damit wollt' ich anfangen, denn ich hasse ihn, wie ich nur hassen kann, seit er im Wirtshaus sein Glas – Er kennt die Geschichte, und

Er müßte sich auch beleidigt fühlen, wenn Er Ehre im
Leibe hätte. *(Zu Klara.)* Wo ist die Kammer des
Bruders?

K l a r a *(zeigt sie).* Hinten!

B e i d e   G e r i c h t s d i e n e r *(ab).*

K l a r a. Vater, er ist unschuldig! Er muß unschuldig
sein! Er ist ja dein Sohn, er ist ja mein Bruder!

M e i s t e r   A n t o n. Unschuldig, und ein Muttermörder?
(Lacht.)

E i n e   M a g d *(tritt ein mit einem Brief, zu Klara).*
Von Herrn Kassierer Leonhard! *(Ab.)*

M e i s t e r   A n t o n. Du brauchst ihn nicht zu lesen! Er
sagt sich von dir los! *(Schlägt in die Hände.)* Bravo,
Lump!

K l a r a *(hat gelesen).* Ja! Ja! O mein Gott!

M e i s t e r   A n t o n. Laß ihn!

K l a r a. Vater, Vater, ich kann nicht!

M e i s t e r   A n t o n. Kannst nicht? Kannst nicht? Was
ist das? Bist du –

B e i d e   G e r i c h t s d i e n e r *(kommen zurück).*

A d a m *(hämisch).* Suchet, so werdet ihr finden!

Z w e i t e r   G e r i c h t s d i e n e r *(zu Adam).* Was fällt
Ihm ein? Traf's denn heute zu?

A d a m. Halt Er's Maul! *(Beide ab.)*

M e i s t e r   A n t o n. Er ist unschuldig, und du – du –

K l a r a. Vater, Er ist schrecklich!

M e i s t e r   A n t o n *(faßt sie bei der Hand, sehr sanft).*
Liebe Tochter, der Karl ist doch nur ein Stümper, er
hat die Mutter umgebracht, was will's heißen? Der
Vater blieb am Leben! Komm ihm zu Hilfe, du kannst
nicht verlangen, daß er alles allein tun soll, gib du mir
den Rest, der alte Stamm sieht noch so knorrig aus,
nicht wahr, aber er wackelt schon, es wird dir nicht zu
viel Mühe kosten, ihn zu fällen! Du brauchst nicht
nach der Axt zu greifen, du hast ein hübsches Gesicht,
ich hab dich noch nie gelobt, aber heute will ich's dir
sagen, damit du Mut und Vertrauen bekommst, Augen,
Nase und Mund finden gewiß Beifall, werde – du verstehst mich wohl, oder sag mir, es kommt mir so vor,
daß du's schon bist!

K l a r a *(fast wahnsinnig, stürzt der Toten mit aufge-
hobenen Armen zu Füßen und ruft wie ein Kind).*
Mutter! Mutter!

M e i s t e r A n t o n. Faß die Hand der Toten und
schwöre mir, daß du bist, was du sein sollst!

K l a r a. Ich – schwöre – dir – daß – ich – dir – nie –
Schande – machen – will!

M e i s t e r A n t o n. Gut! *(Er setzt seinen Hut auf.)* Es
ist schönes Wetter! Wir wollen Spießruten laufen,
straßauf, straßab! *(Ab.)*

ZWEITER AKT

Zimmer im Hause des Tischlermeisters.

ERSTE SZENE

Meister Anton *(steht vom Tisch auf).*

Klara *(will abräumen).*

Meister Anton. Willst du wieder nicht essen?

Klara. Vater, ich bin satt.

Meister Anton. Von nichts?

Klara. Ich aß schon in der Küche.

Meister Anton. Wer keinen Appetit hat, der hat kein gut Gewissen! Nun, alles wird sich finden! Oder war Gift in der Suppe, wie ich gestern träumte? Einiger wilder Schierling, aus Versehen beim Pflücken ins Kräuterbündel hineingeraten? Dann tatst du klug!

Klara. Allmächtiger Gott!

Meister Anton. Vergib mir, ich – Geh zum Teufel mit deiner blassen Leidensmiene, die du der Mutter des Heilands gestohlen hast! Rot soll man aussehen, wenn man jung ist! Nur einer darf Staat machen mit einem solchen Gesicht, und der tut's nicht! Hei! Jedem eine Ohrfeige, der noch au sagt, wenn er sich in den Finger geschnitten hat! Dazu hat keiner das Recht mehr, denn hier steht ein Mann, der – Eigenlob stinkt, aber was tat ich, als der Nachbar über deiner Mutter den Sargdeckel zunageln wollte?

Klara. Er riß ihm den Hammer weg und tat's selbst, und sprach: dies ist mein Meisterstück! Der Kantor, der eben mit den Chorknaben vor der Tür das Sterbelied absang, meinte, Er sei verrückt geworden!

Meister Anton. Verrückt! *(Lacht.)* Verrückt! Ja, ja, das ist ein kluger Kopf, der sich selbst köpft, wenn's Zeit ist. Der meinige muß dazu zu fest stehen, sonst – Man hockte in der Welt und glaubte in einer guten Herberge hinterm Ofen zu sitzen, da wird plötzlich Licht auf den Tisch gestellt, und siehe da, man ist in einem Räuberloch, nun geht's piff, paff, von allen Seiten; aber es schadet nicht, man hat zum Glück ein steinernes Herz!

K l a r a. Ja, Vater, so ist's!

M e i s t e r   A n t o n. Was weißt du davon? Meinst du, du hast ein Recht, mit mir zu fluchen, weil dein Schreiber davongelaufen ist? Dich wird ein anderer sonntags nachmittags spazierenführen, ein anderer wird dir sagen, daß deine Backen rot sind und deine Augen blau, ein anderer wird dich zum Weibe nehmen, wenn du's verdienst. Aber wenn du nun dreißig Jahre lang in Züchten und Ehren die Last des Lebens getragen, wenn du nie gemurrt, sondern Leid und Tod und jedes Mißgeschick in Geduld hingenommen hast, und dann kommt dein Sohn, der dir für dein Alter ein weiches Kopfkissen stopfen sollte, und überhäuft dich so mit Schande, daß du die Erde anrufen möchtest: verschlucke mich, wenn du mich nicht ekelst, denn ich bin kotiger als du! – dann magst du all die Flüche, die ich in meiner Brust zurückhalte, aussprechen, dann magst du dein Haar raufen und deine Brüste zerschlagen, das sollst du vor mir voraushaben, denn du bist kein Mann!

K l a r a. O Karl!

M e i s t e r   A n t o n. Wundern soll mich's doch, was ich tun werde, wenn ich ihn wieder vor mir sehe, wenn er abends vor Lichtanzünden mit geschorenem Kopf, denn im Zuchthaus sind die Frisuren nicht erlaubt, in die Stube tritt und einen guten Abend herausstottert und die Klinke der Tür in der Hand behält. Tun werd ich etwas, das ist gewiß, aber was? *(Mit Zähneknirschen.)* Und ob sie ihn zehn Jahre behalten, er wird mich finden, ich werde so lange leben, das weiß ich, merk dir's, Tod, ich bin von jetzt an ein Stein vor deiner Hippe, sie wird eher zerspringen als mich aus der Stelle rücken!

K l a r a *(faßt seine Hand)*. Vater, Er sollte sich eine halbe Stunde niederlegen!

Meister Anton. Um zu träumen, daß du in die Wochen gekommen seist? Um dann aufzufahren und dich zu packen, und mich hinterdrein zu besinnen und zu sprechen: liebe Tochter, ich wußte nicht, was ich tat! Ich danke. Mein Schlaf hat den Gaukler verabschiedet und einen Propheten in Dienst genommen, der zeigt mir mit seinem Blutfinger häßliche Dinge und ich weiß nicht, wie's kommt, alles scheint mir jetzt möglich. Hu, mich schaudert's vor der Zukunft, wie vor einem Glas Wasser, das man durchs Mikroskop – ist's richtig, Herr Kantor? Er hat mir's oft genug vorbuchstabiert! – betrachtet hat. Ich tat's einmal in Nürnberg auf der Messe und mochte den ganzen Tag nicht mehr trinken! Den lieben Karl sah ich in der letzten Nacht mit einer Pistole in der Hand, als ich den Schützen näher ins Auge faßte, drückte er ab, ich hörte einen Schrei, aber vor Pulverdampf konnt' ich nichts sehen, auch als der Dampf sich verzog, erblickte ich keinen zerschmetterten Schädel, aber mein Herz-Sohn war inzwischen ein reicher Mann geworden, er stand und zählte Goldstücke von einer Hand in die andere, und er hatte ein Gesicht – hol mich der Teufel, man kann's nicht ruhiger haben, wenn man den ganzen Tag arbeitete und nun die Werkstatt hinter sich abschließt. Nun davor könnte man aufpassen! Man könnte Gericht halten und sich nachher selbst vor den höchsten Richter stellen.

Klara. Werd' Er doch wieder ruhig!

Meister Anton. Werd' Er doch wieder gesund! Warum ist Er krank! Ja, Arzt, reich mir nur den Trank der Genesung! Dein Bruder ist der schlechteste Sohn, werde du die beste Tochter! Wie ein nichtswürdiger Bankerottierer steh ich vor dem Angesicht der Welt, einen braven Mann, der in die Stelle dieses Invaliden treten könne, war ich ihr schuldig, mit einem Schelm hab ich sie betrogen. Werde du ein Weib, wie deine Mutter war, dann wird man sprechen: an der Eltern hat's nicht gelegen, daß der Bube abseits ging, denn die Tochter wandelt den rechten Weg und ist allen andern voraus. *(Mit schrecklicher Kälte.)* Und ich will das Meinige dazu tun, ich will dir die Sache leichter machen als den übrigen. In dem Augenblick, wo ich bemerke, daß man auch auf dich mit Fingern zeigt, werd ich – (*mit einer Bewegung an den Hals*) mich rasieren, und dann, *das schwör ich dir zu,* rasier ich den ganzen Kerl weg, du kannst sagen, es sei aus Schreck geschehen, weil auf der Straße ein Pferd durchging, oder weil die Katze auf dem Boden einen Stuhl umwarf, oder weil mir eine Maus an den Beinen hinauflief. Wer mich kennt, wird freilich den Kopf dazu schütteln, denn ich bin nicht sonderlich schreckhaft, aber was tut's? Ich kann's in einer Welt nicht aushalten, wo die Leute mitleidig sein müßten, wenn sie nicht vor mir ausspucken sollen.

K l a r a. Barmherziger Gott, was soll ich tun!

M e i s t e r   A n t o n. Nichts, nichts, liebes Kind, ich bin zu hart gegen dich, ich fühl's wohl, nichts, bleib nur, was du bist, dann ist's gut! Oh, ich hab so groß Unrecht erlitten, daß ich Unrecht tun muß, um nicht zu erliegen, wenn's mich so recht anfaßt. Sieh, ich gehe vorhin über die Straße, da kommt der Pocken-Fritz daher, der Gaudieb, den ich vor Jahren ins Loch stekken ließ, weil er zum drittenmal lange Finger bei mir gemacht hatte. Früher wagte der Halunke nicht, mich anzusehen, jetzt trat er frech auf mich zu und reichte mir die Hand. Ich wollte ihm einen hinter die Ohren geben, aber ich besann mich und spuckte nicht einmal aus, wir sind ja Vettern seit 8 Tagen, und es ist billig, daß Verwandte sich grüßen. Der Pfarrer, der mitleidige Mann, der mich gestern besuchte, meinte zwar, ein Mensch habe niemanden zu vertreten als sich selbst, und es sei ein unchristlicher Hochmut von mir, daß ich auch noch für meinen Sohn aufkommen wolle; sonst müßte Adam als so gut zu Gemüte ziehen wie Kain. Herr, ich glaub's gern, daß es den Frieden des Erzvaters im Paradiese nicht mehr stört, wenn einer seiner Ururenkel zu morden oder zu rauben anfängt, aber raufte er sich nicht die Haare über Kain? Nein, nein, es ist zu viel! Ich könnte mich zuweilen nach meinem Schatten umsehen, ob er nicht schwärzer ge-

worden ist! Denn alles, alles kann ich ertragen und
hab's bewiesen, nur nicht die Schande! Legt mir auf
den *Nacken*, was ihr wollt, nur schneidet nicht den
Nerv durch, der mich zusammenhält!

K l a r a. Vater, noch hat Karl ja nichts gestanden, und
sie haben auch nichts bei ihm gefunden.

M e i s t e r A n t o n. Was soll mir das? Ich bin in der
Stadt herumgegangen und habe mich in den Schenken
nach seinen Schulden erkundigt, da kam mehr zusammen, als er im nächsten Vierteljahr bei mir verdient
hätte, und wenn er noch dreimal so fleißig wäre, als
er ist. Nun weiß ich, warum er immer zwei Stunden
später Feierabend machte als ich und warum er trotz
dem auch noch vor mir aufstand, aber er sah ein, daß
dies alles doch nichts half, oder es war ihm zu mühe-
voll und dauerte ihm zu lange, da griff er zu, als die
Gelegenheit sich bot.

K l a r a. Er glaubt von Karl immer das Schlimmste, Er
hat es stets getan! Weiß Er wohl noch, wie –

M e i s t e r A n t o n. Du sprichst, wie deine Mutter
sprechen würde, ich will dir antworten, wie ich ihr zu
antworten pflegte, ich will stillschweigen!

K l a r a. Und wenn Karl doch freigesprochen wird!
Wenn die Juwelen sich wiederfinden?

M e i s t e r A n t o n. Dann würd' ich einen Advokaten
annehmen und mein letztes Hemd daran setzen, um
zu erfahren, ob der Bürgermeister den Sohn eines ehr-
lichen Mannes mit Recht ins Gefängnis warf oder
nicht. Wär' es, so würd' ich mich beugen, denn was
jedem widerfahren kann, das muß auch ich mir gefallen lassen, und mußte ich es zu meinem Unglück
auch tausendmal teurer bezahlen als andere, es war
ein Schicksal, und wenn Gott mich schlägt, so falte ich
die Hände und spreche: Herr, du weißt warum! Wär'
es aber nicht, hätte der Mann mit der goldenen Kette
um den Hals sich übereilt, weil er an nichts dachte als
daran, daß der Kaufmann, der die Juwelen vermißt
sein Schwager ist, so würde sich's finden, ob das Ge-
setzbuch ein Loch hat und ob der König, der wohl
weiß, daß er seinen Untertanen ihre Treu und ihren

Gehorsam mit Gerechtigkeit bezahlen muß, und der dem Geringsten unter ihnen gewiß am wenigsten etwas schuldig bleiben will, dies Loch ungestopft ließe. Aber das sind unnütze Reden! Der Junge wird so wenig rein aus diesem Prozeß hervorgehen wie deine Mutter lebendig aus ihrer Gruft. Von dem kommt mir nun und nimmer ein Trost, darum vergiß du nicht, was du mir schuldig bist, halte du deinen Schwur, damit ich den meinigen nicht zu halten brauche! *(Er geht, kehrt aber wieder um.)* Ich komme heut abend erst spät zu Hause, ich gehe zu dem alten Holzhändler ins Gebirge. Das ist der einzige Mann, der mir noch wie sonst in die Augen sieht, weil er noch nicht von meiner Schande weiß. Er ist taub, keiner kann ihm was erzählen, ohne sich heiser zu schreien, und auch dann hört er alles verkehrt, darum erfährt er nichts. *(Ab.)*

ZWEITE SZENE

K l a r a *(allein).* O Gott, o Gott! Erbarme dich! Erbarme dich über den alten Mann! Nimm mich zu dir! Ihm ist nicht anders zu helfen! Sieh, der Sonnenschein liegt so goldig auf der Straße, daß die Kinder mit Händen nach ihm greifen, die Vögel fliegen hin und her, Blumen und Kräuter werden nicht müde, in die Höhe zu wachsen. Alles lebt, alles will leben, tausend Kranke zittern in dieser Stunde vor dir, o Tod, wer dich in der beklommenen Nacht noch rief, weil er seine Schmerzen nicht mehr ertragen konnte, der findet sein Lager jetzt wieder sanft und weich, *ich* rufe dich! Verschone den, dessen Seele sich am tiefsten vor dir wegkrümmt, laß ihm so lange Frist, bis die schöne Welt wieder grau und öde wird, nimm mich für ihn! Ich will nicht schaudern, wenn du mir deine kalte Hand reichst, ich will sie mutig fassen und dir freudiger folgen, als dir noch je ein Menschenkind gefolgt ist.

DRITTE SZENE

D e r K a u f m a n n W o l f r a m *(tritt ein).* Guten
Tag, Jungfer Klara, ist Ihr Vater nicht zu Hause?

K l a r a. Er ist eben fortgegangen.

W o l f r a m. Ich komme – – meine Juwelen haben sich
wiedergefunden.

K l a r a. O Vater, wärst du da! Er hat seine Brille vergessen, dort liegt sie! Daß er's bemerkte und um-
kehrte! Wie denn? – Wo? – Bei wem?

W o l f r a m. Meine Frau – Sag Sie mir aufrichtig, Jungfer, hat Sie nicht auch schon etwas Wunderliches über
meine Frau gehört?

K l a r a. Ja!

W o l f r a m. Daß sie – *(Er deutet auf die Stirn.)* Nicht
wahr?

K l a r a. Daß sie nicht recht bei sich ist, freilich!

W o l f r a m *(ausbrechend).* Mein Gott! Mein Gott!
Alles umsonst! Keinen Dienstboten, den ich einmal in
mein Haus nahm, hab ich wieder von mir gelassen,
jedem habe ich doppelten Lohn gegeben und zu allen
Nachlässigkeiten die Augen zugedrückt, um mir ihr
Stillschweigen zu erkaufen, dennoch – die falschen,
undankbaren Kreaturen! O meine armen Kinder! Bloß
euretwegen suchte ich's zu verbergen!

K l a r a. Schelt Er Seine Leute nicht! Die sind gewiß
unschuldig! Seit das Nachbarhaus abbrannte und Seine
Frau aus dem geöffneten Fenster dazu lachte und in
die Hände klatschte, ja sogar mit vollen Backen ins
Feuer hinüberblies, als wollte sie es noch mehr an-
fachen, seitdem hatte man nur die Wahl, ob man sie
für einen Teufel oder für eine Verrückte halten wollte.
Und das haben Hunderte gesehen.

W o l f r a m. Es ist wahr. Nun, da die ganze Stadt mein
Unglück kennt, so wäre es töricht, wenn ich Ihr das
Versprechen abfordern wollte, es zu verschweigen.
Höre Sie denn! Den Diebstahl, wegen dessen Ihr Bru-
der im Gefängnis sitzt, hat der Wahnsinn begangen!

K l a r a. Seine eigne Frau –

W o l f r a m. Daß sie, die früher die edelste, mitleidigste

Seele von der Welt war, boshaft und schadenfroh geworden ist, daß sie jauchzt und jubelt, wenn vor ihren
Augen ein Unglück geschieht, wenn die Magd ein Glas
zerbricht oder sich in den Finger schneidet, wußte ich
längst; daß sie aber auch Sachen im Hause auf die
Seite bringt, Geld versteckt, Papiere zerreißt, das habe
ich leider zu spät erfahren, erst heute mittag. Ich hatte
mich aufs Bett gelegt und wollte eben einschlafen, da
bemerkte ich, daß sie sich mir leise näherte und mich
scharf betrachtete, ob ich schon schliefe. Ich schloß die
Augen fester, da nahm sie aus meiner über den Stuhl
gehängten Weste den Schlüssel, öffnete den Sekretär,
griff nach einer Goldrolle, schloß wieder zu und trug
den Schlüssel zurück. Ich entsetzte mich, doch ich hielt
an mich, um sie nicht zu stören, sie verließ das Zimmer, ich schlich ihr auf den Zehen nach. Sie stieg zum
obersten Boden hinauf und warf die Goldrolle in eine
alte Kiste hinein, die noch vom Großvater her leer
dasteht, dann sah sie sich scheu nach allen Seiten um
und eilte, ohne mich zu bemerken, wieder fort. Ich
zündete einen Wachsstock an und durchsuchte die Kiste,
da fand ich die Spielpuppe meiner jüngsten Tochter,
ein Paar Pantoffeln der Magd, ein Handlungsbuch,
Briefe und leider, oder Gott Lob, wie soll ich sagen,
ganz unten auch die Juwelen.

K l a r a. O meine arme Mutter! Es ist doch zu schänd-
lich!

W o l f r a m. Gott weiß, ich würde den Schmuck darum
geben, könnt' ich ungeschehen machen, was geschehen
ist! Aber nicht ich bin schuld! Daß mein Verdacht, bei
aller Achtung vor Ihrem Vater, auf Ihren Bruder fiel,
war natürlich, er hatte den Sekretär poliert, und mit
ihm waren die Juwelen verschwunden, ich bemerkte es
fast augenblicklich, denn ich mußte aus dem Fach, worin sie lagen, Papiere herausnehmen. Doch es fiel mir
nicht ein, gleich strenge Maßregeln gegen ihn zu er-
greifen, ich teilte die Sache nur vorläufig dem Gerichtsdiener Adam mit und ersuchte ihn, ganz in der Stille
Nachforschungen anzustellen, aber dieser wollte von
keiner Schonung wissen, er erklärte mir, er müsse und

werde den Fall auf der Stelle anzeigen, denn Ihr Bruder sei ein Säufer und Schuldenmacher, und er gilt bei
dem Bürgermeister leider so viel, daß er durchsetzen
kann, was er will. Der Mann scheint bis aufs äußerste
gegen Ihren Vater aufgebracht zu sein, ich weiß nicht,
warum, es war nicht möglich, ihn zu beschwichtigen, er
hielt sich die Ohren zu und rief, als er fortrannte:
Wenn Er mir den Schmuck geschenkt hätte, ich wäre
nicht so vergnügt wie jetzt!

Klara. Der Gerichtsdiener hat im Wirtshaus einmal
sein Glas neben das meines Vaters auf den Tisch gestellt und ihm dabei zugenickt, als ob er ihn zum Anstoßen auffordern wolle. Da hat mein Vater das seinige weggenommen und gesagt: Leute im roten Rock
mit blauen Aufschlägen mußten ehemals aus Gläsern
mit hölzernen Füßen trinken, auch mußten sie draußen vor dem Fenster oder, wenn's regnete, vor der
Tür stehenbleiben und bescheiden den Hut abziehen,
wenn der Wirt ihnen den Trunk reichte; wenn sie aber
ein Gelüsten trugen, mit jemandem anzustoßen, so
warteten sie, bis der Gevatter Fallmeister vorüberkam.
Gott! Gott! Was ist alles möglich auf der Welt! Das
hat meine Mutter mit einem jähen Tode bezahlen
müssen!

Wolfram. Man soll keinen reizen und die Schlimmen
am wenigsten! Wo ist Ihr Vater?

Klara. Im Gebirg beim Holzhändler.

Wolfram. Ich reite hinaus und such ihn auf. Beim
Bürgermeister war ich schon, leider traf ich ihn nicht
daheim, sonst würde Ihr Bruder schon hier sein, aber
der Sekretär hat sogleich einen Boten abgefertigt, Sie
wird ihn noch vor Abend sehen. *(Ab.)*

VIERTE SZENE

Klara *(allein)*. Nun sollt' ich mich freuen! Gott, Gott!
Und ich kann nichts denken als: nun bist du's allein!
Und doch ist mir zumut, als müsse mir gleich etwas
einfallen, das alles wieder gutmacht!

FÜNFTE SZENE

Der Sekretär *(tritt ein).* Guten Tag!
Klara *(hält sich an einem Stuhl, als sollte sie umfallen).*
    Der! Oh, wenn der nicht zurückgekommen wäre –
Sekretär. Der Vater ist nicht zu Hause?
Klara. Nein!
Sekretär. Ich bringe eine fröhliche Botschaft. Ihr
    Bruder – Nein, Klara, ich kann in diesem Ton nicht
    mit dir reden, mir deucht, Tische, Stühle, Schränke, all
    die alten Bekannten – Guten Tag, du! *(Er nickt einem
    Schrank zu.)* Wie geht's? Du hast dich nicht verän-
    dert! –, um die wir als Kinder so oft herumgehüpft
    sind, werden die Köpfe zusammenstecken und den
    Narren ausspotten, wenn ich nicht schnell einen ande-
    ren anschlage. Ich muß ich zu dir sagen, wie ehemals,
    wenn's dir nicht gefällt, so denke: der große Junge
    träumt, ich will ihn aufwecken und vor ihn hintreten
    und mich *(mit Gebärden)* hoch aufrichten, damit er
    sieht, daß er kein kleines Kind mehr vor sich hat – das
    war dein Maß im elften Jahr! *(er deutet auf einen
    Schrammstrich in der Tür)* –, sondern ein gehörig er-
    wachsenes Mädchen, das den Zucker auch dann errei-
    chen kann, wenn er auf den Schrank gestellt wird. Du
    weißt doch noch? Das war der Platz, die feste Burg,
    wo er auch unverschlossen vor uns sicher war. Wir ver-
    trieben uns, wenn er dort stand, die Zeit gewöhnlich
    mit Fliegenklatschen, weil wir den Fliegen, die lustig
    ab- und zuflogen, das unmöglich gönnen konnten, was
    wir selbst nicht zu erlangen wußten.
Klara. Ich dächte, man vergäße solche Dinge, wenn
    man hundert und tausend Bücher durchstudieren müßte.
Sekretär. Man vergißt's auch! Freilich, was vergißt
    man nicht über Justinian und Gajus! Die Knaben, die
    sich so hartnäckig gegen das Abc wehren, wissen wohl,
    warum; sie haben eine Ahnung davon, daß, wenn sie
    sich nur mit der Fibel nicht einlassen, sie mit der Bibel
    nie Händel bekommen können! Aber schändlich ge-
    nug, man verführt die unschuldigen Seelen, man zeigt
    ihnen hinten den roten Hahn mit dem Korb voll Eier,

da sagen sie von selbst: Ah! und nun ist kein Haltens
mehr, nun geht's reißend schnell bergunter bis zum Z,
und so weiter und weiter, bis sie auf einmal mitten im
Corpus juris sind und mit Grausen innewerden, in
welche Wildnis die verfluchten 24 Buchstaben, die sich
anfangs im lustigen Tanz nur zu wohlschmeckenden
und wohlriechenden Worten, wie Kirsche und Rose,
zusammenstellten, sie hineingelockt haben!

K l a r a. Und wie wird's dann gemacht? *(Abwesend,
ohne allen Anteil.)*

S e k r e t ä r. Darin sind die Temperamente verschieden.
Einige arbeiten sich durch. Die kommen gewöhnlich in
drei bis vier Jahren wieder ans Tageslicht, sind dann
aber etwas mager und blaß, das muß man ihnen nicht
übelnehmen. Zu diesen gehöre ich. Andere legen sich
in der Mitte des Waldes nieder, sie wollen bloß aus-
ruhen, aber sie stehen selten wieder auf. Ich habe selbst
einen Bekannten, der nun schon drei Jahre im Schatten der Lex Julia sein Bier trinkt, er hat sich den Platz
des Namens wegen ausgesucht, der ruft ihm angenehme
Erinnerungen zurück. Noch andere werden desparat
und kehren um. Die sind die Dümmsten, denn man
läßt sie nur unter der Bedingung aus dem einen Dickicht
heraus, daß sie sich spornstreichs wieder in ein anderes
hineinbegeben. Und da gibt's einige, die noch schrecklicher sind, die gar kein Ende haben! *(Für sich.)* Was
man alles schwätzt, wenn man etwas auf dem Herzen
hat und es nicht herauszubringen weiß!

K l a r a. Alles ist heute lustig und munter, das macht
der schöne Tag!

S e k r e t ä r. Ja, bei solchem Wetter fallen die Eulen aus
dem Nest, die Fledermäuse bringen sich um, weil sie
fühlen, daß der Teufel sie gemacht hat, der Maulwurf
bohrt sich so tief in die Erde ein, daß er den Weg zurück nicht mehr findet und jämmerlich ersticken muß,
wenn er sich nicht bis zur anderen Seite durchfrißt
und in Amerika wieder zum Vorschein kommt. Heute
tut jede Kornähre einen doppelten Schuß, und jede
Mohnblume wird noch einmal so rot wie sonst, wenn
auch nur aus Scham, daß sie's noch nicht ist. Soll der

Mensch zurückbleiben? Soll er den lieben Gott um den
einzigen Zins betrügen, den seine Welt ihm abwirft,
um ein fröhlich Gesicht und um ein helles Auge, das
all die Herrlichkeit abspiegelt und verklärt zurückgibt? Wahrhaftig, wenn ich des Morgens diesen oder
jenen Hocker aus seiner Tür hervorschleichen sehe, die
Stirn in Falten heraufgezogen und den Himmel an-
glotzend wie einen Bogen Löschpapier, dann denk ich
oft: es gibt gleich Regen, Gott muß, er kann nicht umhin, den Wolkenvorhang niederlassen, um sich nur
über die Fratze nicht zu ärgern. Man sollte die Kerls
als Hintertreiber von Lustpartien, als Verderber des
Erntewetters, vor Gericht belangen können. Wodurch
willst du denn für das Leben danken als dadurch, daß
du lebst? Jauchze, Vogel, sonst verdienst du die Kehle
nicht!

K l a r a. Ach, das ist so wahr, so wahr – ich könnte
gleich zu weinen anfangen!

S e k r e t ä r. Es ist nicht gegen dich gesagt, daß du seit
acht Tagen schwerer atmest wie sonst, begreif ich
wohl, ich kenne deinen Alten. Aber Gott Lob, ich kann
deine Brust wieder frei machen, und eben darum bin
ich hier. Du wirst deinen Bruder noch heut abend
wiedersehen, und nicht auf ihn, sondern auf die Leute,
die ihn ins Gefängnis geworfen haben, wird man mit
Fingern zeigen. Verdient das einen Kuß, einen schwe-
sterlichen, wenn's denn kein anderer sein darf? Oder
wollen wir Blindekuh darum spielen? Wenn ich dich
nicht in zehn Minuten hasche, so geh ich leer aus und
bekomm noch einen Backenstreich obendrein.

K l a r a *(für sich)*. Mir ist, als wär' ich auf einmal tausend Jahr alt geworden, und nun stünde die Zeit über
mir still, ich kann nicht zurück und auch nicht vorwärts. Oh, dieser festgenagelte Sonnenschein und all
die Heiterkeit um mich her!

S e k r e t ä r. Du antwortest mir nicht. Freilich, das ver-
gaß ich, du bist Braut! O Mädchen, warum hast du
mir das getan! Und doch – habe ich ein Recht, mich zu
beklagen? Sie ist, wie alles Liebe und Gute, alles Liebe
und Gute hätte mich an sie erinnern sollen, dennoch

war sie jahrelang für mich wie nicht mehr in der Welt.
Dafür hat sie – Wär's nur wenigstens ein Kerl, vor
dem man die Augen niederschlagen müßte! Aber dieser
Leonhard –

K l a r a *(plötzlich, wie sie den Namen hört).* Ich muß
zu ihm – Das ist's ja, ich bin nicht mehr die Schwester
eines Diebes – o Gott, was will ich denn noch? Leonhard wird und muß – Er braucht ja bloß kein Teufel
zu sein, und alles ist wie vorher! *(Schaudernd.)* Wie
vorher! *(Zum Sekretär.)* Nimm's nicht übel, Friedrich!
– Warum werden mir die Beine auf einmal so schwer?

S e k r e t ä r. Du willst –

K l a r a. Zu Leonhard, wohin denn sonst! Nur den einen
Weg hab ich auf dieser Welt noch zu machen!

S e k r e t ä r. So liebst du ihn? Dann –

K l a r a *(wild).* Lieben? Er oder der Tod! Wundert's
wen, daß ich ihn wähle? Ich tät's nicht, dächt' ich an
mich allein!

S e k r e t ä r. Er oder der Tod? Mädchen, so spricht die
Verzweiflung, oder –

K l a r a. Mach mich nicht rasend! Nenne das Wort nicht
mehr! Dich! Dich lieb ich! Da! Da! Da! Ich ruf's dir zu, als
ob ich schon jenseits des Grabes wandelte, wo niemand
mehr rot wird, wo sie alle nackt und frierend aneinan-
der vorbeischleichen, weil Gottes furchtbar heilige
Nähe in jedem den Gedanken an die anderen bis auf
die Wurzel weggezehrt hat!

S e k r e t ä r. Mich? Noch immer mich? Klara, ich hab's
geahnt, als ich dich draußen im Garten sah!

K l a r a. Hast du? Oh, der andere auch! *(Dumpf, als ob
sie allein wäre.)* Und er trat vor mich hin! Er oder ich!
Oh, mein Herz, mein verfluchtes Herz! Um ihm, um
mir selbst zu beweisen, daß es nicht so sei, oder um's
zu ersticken, wenn's so wäre, tat ich, was mich jetzt –
(In Tränen ausbrechend.) Gott im Himmel, ich würde
mich erbarmen, wenn ich du wäre und du ich!

S e k r e t ä r. Klara, werde mein Weib! Ich kam zu dir,
um dir noch einmal auf die alte Weise ins Auge zu
sehen. Hättest du den Blick nicht verstanden, ich
würde mich, ohne zu reden, wieder entfernt haben.

Jetzt biet ich dir alles an, was ich bin und was ich habe.
Es ist wenig, aber es kann mehr werden. Längst wäre
ich hier gewesen, doch deine Mutter war krank, dann
starb sie.

K l a r a *(lacht wahnsinnig).*

S e k r e t ä r. Fasse Mut, Mädchen. Der Mensch hat dein
Wort. Das ängstigt dich. Und freilich ist's verflucht.
Wie konntest du –

K l a r a. O frag noch, was alles zusammenkommt, um
ein armes Mädchen verrückt zu machen. Spott und
Hohn von allen Seiten, als du auf die Akademie ge-
zogen warst und nichts mehr von dir hören ließest.
Die denkt noch an den! – Die glaubt, daß Kindereien
ernsthaft gemeint waren! – Erhält sie Briefe? – Und
dann die Mutter! Halte dich zu deinesgleichen! Hochmut tut nimmer gut! Der Leonhard ist doch recht brav,
alle wundern sich, daß du ihn über die Achsel ansiehst.
Dazu mein eignes Herz. Hat er dich vergessen, zeig
ihm, daß auch du – o Gott!

S e k r e t ä r. Ich bin schuld. Ich fühl's. Nun, was schwer
ist, ist darum nicht unmöglich. Ich schaff dir dein Wort
zurück. Vielleicht –

K l a r a. Oh, mein Wort – da! *(Sie wirft ihm Leonhards
Brief hin.)*

S e k r e t ä r *(liest).* Ich als Kassierer – Dein Bruder –
Dieb – sehr leid – aber ich kann nicht umhin, aus Rücksicht auf mein Amt – – *(Zu Klara.)* Das schrieb er dir
denselben Tag, wo deine Mutter starb? Er bezeugt dir
ja zugleich sein Beileid über ihren jähen Tod!

K l a r a. Ich glaube, ja!

S e k r e t ä r. Daß dich! Lieber Gott, die Katzen, Schlangen und sonstigen Scheusale, die dir bei der Schöpfung
so zwischen den Fingern durchgeschlüpft sind, haben
Beelzebubs Wohlgefallen erregt, er hat sie dir nach-
gemacht, aber er hat sie besser herausgeputzt wie du,
er hat sie in Menschenhaut gesteckt, und nun stehen sie
mit deinen Menschen in Reih und Glied, und man erkennt sie erst, wenn sie kratzen und stechen! *(Zu Klara.)*
Aber es ist ja gut, es ist ja vortrefflich! *(Er will sie
umarmen.)* Komm! Für ewig! Mit diesem Kuß –

K l a r a *(sinkt an ihn)*. Nein, nicht für ewig, nur daß ich
nicht umfalle, aber keinen Kuß!
S e k r e t ä r. Mädchen, du liebst ihn nicht, du hast dein
Wort zurück –
K l a r a *(dumpf, sich wieder aufrichtend)*. Und ich muß
doch zu ihm, ich muß mich auf Knien vor ihm nieder-
werfen und stammeln: sieh die weißen Haare meines
Vaters an, nimm mich!
S e k r e t ä r. Unglückliche, versteh ich dich?
K l a r a. Ja!
S e k r e t ä r. Darüber kann kein Mann weg! Vor dem
Kerl, dem man ins Gesicht spucken möchte, die Augen
niederschlagen müssen? *(Er preßt Klara wild an sich.)*
Ärmste! Ärmste!
K l a r a. Geh nun, geh!
S e k r e t ä r *(für sich, brütend)*. Oder man müßte den
Hund, der's weiß, aus der Welt wegschießen! Daß er
Mut hätte! Daß er sich stellte! Daß man ihn zwingen
könnte! Ums Treffen wär' mir nicht bange!
K l a r a. Ich bitte dich!
S e k r e t ä r *(indem er geht)*. Wenn's dunkel wird! *(Er
kehrt wieder um und faßt Klaras Hand.)* Mädchen,
du stehst vor mir – – *(Er wendet sich ab.)* Tausende
ihres Geschlechts hätten's klug und listig verschwiegen
und es erst dem Mann in einer Stunde süßer Vergessen-
heit in Ohr und Seele geschmeichelt! Ich fühle, was ich
dir schuldig bin! *(Ab.)*

SECHSTE SZENE

K l a r a *(allein)*. Zu! Zu, mein Herz! Quetsch dich in
dich ein, daß auch kein Blutstropfe mehr heraus kann,
der in den Adern das gefrierende Leben wieder ent-
zünden will. Da hatte sich wieder was, wie eine Hoffnung, in dir aufgetan! Jetzt erst merk ich's! Ich dachte
– *(Lächelnd.)* Nein, darüber kann kein Mann weg! Und
wenn – Könntest du selbst darüber hinweg? Hättest
du den Mut, eine Hand zu fassen, die – Nein, nein,
diesen schlechten Mut hättest du nicht! Du müßtest

dich selbst einriegeln in deine Hölle, wenn man dir
von außen die Tore öffnen wollte – du bist für ewig –
Oh, daß das aussetzt, daß das nicht immer so fort-
bohrt, daß zuweilen ein Aufhören ist! Nur darum
dauert's lange! Der Gequälte glaubt auszuruhen, weil
der Quäler einhalten muß, um Ödem zu schöpfen; es
ist ein Aufatmen, wie des Ertrinkenden auf den Wel-
len, wenn der Strudel, der ihn hinunterzieht, ihn noch
einmal wieder ausspeit, um ihn gleich wieder aufs
neue zu fassen, er hat nichts davon als den zwiefachen
Todeskampf!

Nun, Klara? Ja, Vater, ich gehe, ich gehe! Deine
Tochter wird dich nicht zum Selbstmord treiben! Ich
bin bald das Weib des Menschen, oder – Gott, nein!
Ich bettle ja nicht um ein Glück, ich bettle um mein
Elend, um mein tiefstes Elend – mein Elend wirst du
mir geben! Fort – wo ist der Brief? *(Sie nimmt ihn.)*
Drei Brunnen triffst du auf dem Weg zu ihm – Daß
du mir an keinem stehenbleibst! Noch hast du nicht
das Recht dazu! *(Ab.)*

DRITTER AKT

Zimmer bei Leonhard.

ERSTE SZENE

Leonhard *(an einem Tisch mit Akten, schreibend).* Das wäre nun der sechste Bogen nach Tisch! Wie fühlt sich der Mensch, wenn er seine Pflicht tut! Jetzt könnte mir in die Tür treten, wer wollte, und wenn's der König wäre – ich würde aufstehen, aber ich würde nicht in Verlegenheit geraten! Einen nehm ich aus, das ist der alte Tischler! Aber im Grunde kann auch der mir wenig machen! Die arme Klara! Sie dauert mich, ich kann nicht ohne Unruhe an sie denken! Daß der eine verfluchte Abend nicht wäre! Es war in mir wirklich mehr die Eifersucht als die Liebe, die mich zum Rasen brachte, und sie ergab sich gewiß nur darein, um meine Vorwürfe zu widerlegen, denn sie war kalt gegen mich wie der Tod. Ihr stehen böse Tage bevor, nun, auch ich werde noch viel Verdruß haben! Trage jeder das Seinige! Vor allen Dingen die Sache mit dem kleinen Buckel nur recht fest gemacht, damit die mir nicht entgeht, wenn das Gewitter ausbricht! Dann hab ich den Bürgermeister auf meiner Seite und brauche vor nichts bange zu sein!

ZWEITE SZENE

Klara *(tritt ein).* Guten Abend, Leonhard!

Leonhard. Klara? *(Für sich.)* Das hätt' ich nun nicht mehr erwartet! *(Laut.)* Hast du meinen Brief nicht erhalten? Doch – Du kommst vielleicht für deinen Vater und willst die Steuer bezahlen! Wieviel ist es

nur? *(In einem Journal blätternd.)* Ich sollte es eigentlich aus dem Kopf wissen!

K l a r a. Ich komme, um dir deinen Brief zurückzugeben!
Hier ist er! Lies ihn noch einmal!

L e o n h a r d *(liest mit großem Ernst)*. Es ist ein ganz
vernünftiger Brief! Wie kann ein Mann, dem die
öffentlichen Gelder anvertraut sind, in eine Familie
heiraten, zu der *(er verschluckt ein Wort)* zu der dein
Bruder gehört?

K l a r a. Leonhard!

L e o n h a r d. Aber vielleicht hat die ganze Stadt Unrecht? Dein Bruder sitzt nicht im Gefängnis? Er hat
nie im Gefängnis gesessen? Du bist nicht die Schwester
eines – deines Bruders?

K l a r a. Leonhard, ich bin die Tochter meines Vaters,
und nicht als Schwester eines unschuldig Verklagten,
der schon wieder freigesprochen ist, denn das ist mein
Bruder, nicht als Mädchen, das vor unverdienter
Schande zittert, denn *(halblaut)* ich zittre noch mehr
vor dir, nur als Tochter des alten Mannes, der mir das
Leben gegeben hat, stehe ich hier!

L e o n h a r d. Und du willst?

K l a r a. Du kannst fragen? Oh, daß ich wieder gehen
dürfte! Mein Vater schneidet sich die Kehle ab, wenn
ich – heirate mich!

L e o n h a r d. Dein Vater –

K l a r a. Er hat's geschworen! Heirate mich!

L e o n h a r d. Hand und Hals sind nahe Vettern. Sie
tun einander nichts zuleide! Mach dir keine Gedanken!

K l a r a. Er hat's geschworen – heirate mich, nachher
bring mich um, ich will dir für das eine noch dank-
barer sein wie für das andere!

L e o n h a r d. Liebst du mich? Kommst du, weil dich
dein Herz treibt? Bin ich der Mensch, ohne den du
nicht leben und sterben kannst?

K l a r a. Antworte dir selbst!

L e o n h a r d. Kannst du schwören, daß du mich liebst?
Daß du mich so liebst, wie ein Mädchen den Mann lieben muß, der sich auf ewig mit ihr verbinden soll?

Klara. Nein, das kann ich nicht schwören! Aber dies
kann ich schwören: ob ich dich liebe, ob ich dich nicht
liebe, nie sollst du's erfahren! Ich will dir dienen, ich
will für dich arbeiten, und zu essen sollst du mir nichts
geben, ich will mich selbst ernähren, ich will bei Nacht-
zeit nähen und spinnen für andere Leute, ich will hun-
gern, wenn ich nichts zu tun habe, ich will lieber in
meinen eignen Arm hineinbeißen als zu meinem Vater
gehen, damit er nichts merkt. Wenn du mich schlägst,
weil dein Hund nicht bei der Hand ist oder weil du
ihn abgeschafft hast, so will ich eher meine Zunge ver-
schlucken als ein Geschrei ausstoßen, das den Nachbaren verraten könnte, was vorfällt. Ich kann nicht
versprechen, daß meine Haut die Striemen deiner Geißel nicht zeigen soll, denn das hängt nicht von mir ab,
aber ich will lügen, ich will sagen, daß ich mit dem
Kopf gegen den Schrank gefahren oder daß ich auf
dem Estrich, weil er zu glatt war, ausgeglitten bin, ich
will's tun, bevor noch einer fragen kann, woher die
blauen Flecke rühren. Heirate mich – ich lebe nicht
lange. Und wenn's dir doch zu lange dauert und du
die Kosten der Scheidung nicht aufwenden magst, um
von mir loszukommen, so kauf Gift aus der Apotheke
und stell's hin, als ob's für deine Ratten wäre, ich
will's, ohne daß du auch nur zu winken brauchst, nehmen und im Sterben zu den Nachbaren sagen, ich hätt's
für zerstoßenen Zucker gehalten!

Leonhard. Ein Mensch, von dem du dies alles er-
wartest, überrascht dich doch nicht, wenn er nein sagt?

Klara. So schaue Gott mich nicht zu schrecklich an,
wenn ich komme, ehe er mich gerufen hat! Wär's um
mich allein – ich wollt's ja tragen, ich wollt's geduldig
hinnehmen, als verdiente Strafe für, ich weiß nicht
was, wenn die Welt mich in meinem Elend mit Füßen
träte, statt mir beizustehen, ich wollte mein Kind, und
wenn's auch die Züge dieses Menschen trüge, lieben,
ach, und ich wollte vor der armen Unschuld so viel
weinen, daß es, wenn's älter und klüger würde, seine
Mutter gewiß nicht verachten, noch ihr fluchen sollte.
Aber ich bin's nicht allein, und leichter find ich am

Jüngsten Tag noch eine Antwort auf des Richters Frage:
warum hast du dich selbst umgebracht? als auf die:
warum hast du deinen Vater so weit getrieben?

Leonhard. Du sprichst, als ob du die erste und letzte
wärst! Tausende haben das vor dir durchgemacht, und
sie ergaben sich darein, Tausende werden nach dir in
den Fall kommen und sich in ihr Schicksal finden: sind
die alle Nickel, daß du dich für dich allein in die Ecke
stellen willst? Die hatten auch Väter, die ein Schock
neue Flüche erfanden, als sie's zuerst hörten, und von
Mord und Totschlag sprachen; nachher schämten sie
sich und taten Buße für ihre Schwüre und Gottesläste-
rungen, sie setzten sich hin und wiegten das Kind oder
wedelten ihm die Fliegen ab!

Klara. Oh, ich glaub's gern, daß du nicht begreifst,
wie irgendeiner in der Welt seinen Schwur halten
sollte!

DRITTE SZENE

Ein Knabe *(tritt ein)*. Da sind Blumen! Ich soll nicht
sagen, wovon.

Leonhard. Ei, die lieben Blumen! *(Schlägt sich vor
die Stirn.)* Teufel! Teufel! Das ist dumm! Ich hätte
welche schicken sollen! Wie hilft man sich da heraus?
Auf solche Dinge versteh ich mich schlecht, und die
Kleine nimmt's genau, sie hat an nichts anderes zu
denken! *(Er nimmt die Blumen.)* Alle behalt ich sie
aber nicht! *(Zu Klara.)* Nicht wahr, die da bedeuten
Reue und Scham? Hast du mir das nicht einmal gesagt?

Klara *(nickt)*.

Leonhard *(zum Knaben)*. Merk dir's, Junge, die
sind für mich, ich stecke sie an, siehst du, hier, wo das
Herz ist! Diese, die dunkelroten, die wie ein düsteres
Feuer brennen, trägst du zurück. Verstehst du? Wenn
meine Äpfel reif sind, kannst du dich melden!

Knabe. Das ist noch lange hin! *(Ab.)*

VIERTE SZENE

L e o n h a r d. Ja, siehst du, Klara, du sprachst von
Worthalten. Eben weil ich ein Mann von Wort bin,
muß ich dir antworten, wie ich dir geantwortet habe.
Dir schrieb ich vor acht Tagen ab, du kannst es nicht
leugnen, der Brief liegt da. *(Er reicht ihr den Brief, sie
nimmt ihn mechanisch.)* Ich hatte Grund, dein Bruder –
Du sagst, er ist freigesprochen, es freut mich! In diesen acht Tagen knüpfte ich ein neues Verhältnis an; ich
hatte das Recht dazu, denn du hast nicht zur rechten
Zeit gegen meinen Brief protestiert, ich war frei in
meinem Gefühl, wie vor dem Gesetz. Jetzt kommst
du, aber ich habe schon ein Wort gegeben und eins
empfangen, ja – *(für sich)* ich wollt', es wär' so – die
andere ist schon mit dir in gleichem Fall, du dauerst
mich *(er streicht ihr die Locken zurück, sie läßt es geschehen, als ob sie es gar nicht bemerkte),* aber du wirst
einsehen – mit dem Bürgermeister ist nicht zu spaßen!
K l a r a *(wie geistesabwesend).* Nicht zu spaßen!
L e o n h a r d. Siehst du, du wirst vernünftig! Und was
deinen Vater betrifft, so kannst du ihm keck ins Gesicht sagen, daß er allein schuld ist! Starre mich nicht
so an, schüttle nicht den Kopf, es ist so, Mädchen, es
ist so! Sag's ihm nur, er wird's schon verstehen und in
sich gehen, ich bürge dir dafür! *(Für sich.)* Wer die
Aussteuer seiner Tochter wegschenkt, der muß sich
nicht wundern, daß sie sitzenbleibt. Wenn ich daran
denke, so steift sich mir ordentlich der Rücken, und ich
könnte wünschen, der alte Kerl wäre hier, um eine
Lektion in Empfang zu nehmen. Warum muß ich grau-
sam sein? Nur weil er ein Tor war! Was auch daraus
entsteht, er hat's zu verantworten, das ist klar! *(Zu
Klara.)* Oder willst du, daß ich selbst mit ihm rede?
Dir zuliebe will ich ein blaues Auge wagen und zu
ihm gehen! Er kann grob gegen mich werden, er kann
mir den Stiefelknecht an den Kopf werfen, aber er
wird die Wahrheit, trotz des Bauchgrimmens, das sie
ihm verursacht, hinunterknirschen und dich in Ruhe
lassen müssen. Verlaß dich darauf! Ist er zu Hause?

Klara *(richtet sich hoch auf).* Ich danke dir! *(Will gehen.)*

Leonhard. Soll ich dich hinüberbegleiten? Ich habe den Mut!

Klara. Ich danke dir, wie ich einer Schlange danken würde, die mich umknotet hätte und mich von selbst wieder ließe und fortspränge, weil eine andere Beute sie lockte. Ich weiß, daß ich gebissen bin, ich weiß, daß sie mich nur läßt, weil es ihr nicht der Mühe wert scheint, mir das bißchen Mark aus den Gebeinen zu saugen, aber ich danke ihr doch, denn nun hab ich einen ruhigen Tod. Ja, Mensch, es ist kein Hohn, ich danke dir, mir ist, als hätt' ich durch deine Brust bis in den Abgrund der Hölle hinuntergesehen, und was auch in der furchtbaren Ewigkeit mein Los sei, mit dir hab ich nichts mehr zu schaffen, und das ist ein Trost! Und wie der Unglückliche, den ein Wurm gestochen hat, nicht gescholten wird, wenn er sich in Schauder und Ekel die Adern öffnet, damit das vergiftete Leben schnell ausströmen kann, so wird die ewige Gnade sich vielleicht auch mein erbarmen, wenn sie dich ansieht, und mich, was du aus mir gemacht hast, denn warum *könnt'* ich's tun, wenn ich's nimmer, nimmer tun *dürfte?* Nur eins noch: mein Vater weiß von nichts, er ahnt nichts, und damit er nie etwas erfährt, geh ich noch heute aus der Welt! Könnt' ich denken, daß du – *(Sie tut wild einen Schritt auf ihn zu.)* Doch, das ist Torheit, dir kann's ja nur willkommen sein, wenn sie alle stehen und die Köpfe schütteln und sich umsonst fragen: warum das geschehen ist!

Leonhard. Es kommen Fälle vor! Was soll man tun? Klara!

Klara. Fort von hier! Der Mensch kann sprechen! *(Sie will gehen.)*

Leonhard. Meinst du, daß ich's dir glaube?

Klara. Nein!

Leonhard. Du kannst Gott Lob nicht Selbstmörderin werden, ohne zugleich Kindesmörderin zu werden!

Klara. Beides lieber als Vatermörderin! O ich weiß, daß man Sünde mit Sünde nicht büßt! Aber was ich

jetzt tu, das kommt über mich *allein*! Geb ich meinem
Vater das Messer in die Hand, so trifft's ihn wie mich
Mich trifft's immer! Dies gibt mir Mut und Kraft in
all meiner Angst! Dir wird's wohl gehen auf Erden
(Ab.)

FÜNFTE SZENE

Leonhard *(allein)*. Ich muß! Ich muß sie heiraten
Und warum muß ich? Sie will einen verrückten Streich
begehen, um ihren Vater von einem verrückten Streich
abzuhalten; wo liegt die Notwendigkeit, daß ich der
ihrigen durch einen noch verrückteren verhindern muß!
Ich kann sie nicht zugeben, wenigstens nicht eher, als
bis ich denjenigen vor mir sehe, der mir wieder durch
den allerverrücktesten zuvorkommen will, und wenn
der ebenso denkt wie ich, so gibt's kein Ende. Das
klingt ganz gescheit, und doch – Ich muß ihr nach! Da
kommt jemand! Gott sei Dank, nichts ist schmählicher
als sich mit seinen eigenen Gedanken abzanken müssen! Eine Rebellion im Kopf, wo man Wurm nach
Wurm gebiert und einer den andern frißt oder in den
Schwanz beißt, ist die schlimmste von allen!

SECHSTE SZENE

Sekretär *(tritt ein)*. Guten Abend!
Leonhard. Herr Sekretär? Was verschafft mir die
    Ehre –
Sekretär. Du wirst es gleich sehen!
Leonhard. Du? Wir sind freilich Schulkameraden
    gewesen!
Sekretär. Und werden vielleicht auch Todeskamera-
    den sein! *(Zieht Pistolen hervor.)* Verstehst du damit
    umzugehen?
Leonhard. Ich begreife Sie nicht!
Sekretär *(spannt eine)*. Siehst du? So wird's gemacht
    Dann zielst du auf mich, wie ich jetzt auf dich, und
    drückst ab! So!

L e o n h a r d. Was reden Sie?

S e k r e t ä r. Einer von uns beiden muß sterben! Sterben! Und das sogleich!

L e o n h a r d. Sterben?

S e k r e t ä r. Du weißt, warum!

L e o n h a r d. Bei Gott nicht!

S e k r e t ä r. Tut nichts, es wird dir in der Todesstunde schon einfallen!

L e o n h a r d. Auch keine Ahnung –

S e k r e t ä r. Besinne dich! Ich könnte dich sonst für einen tollen Hund halten, der mein Liebstes gebissen hat, ohne selbst etwas davon zu wissen, und dich niederschießen wie einen solchen, da ich dich doch noch eine halbe Stunde lang für meinesgleichen gelten lassen muß!

L e o n h a r d. Sprechen Sie doch nicht so laut! Wenn Sie einer hörte –

S e k r e t ä r. Könnte mich einer hören, du hättest ihn längst gerufen! Nun?

L e o n h a r d. Wenn's des Mädchens wegen ist, ich kann sie ja heiraten! Dazu war ich schon halb und halb entschlossen, als sie selbst hier war!

S e k r e t ä r. Sie war hier, und sie ist wieder gegangen, ohne dich in Reue und Zerknirschung zu ihren Füßen gesehen zu haben? Komm! Komm!

L e o n h a r d. Ich bitte Sie – Sie sehen einen Menschen vor sich, der zu allem bereit ist, was Sie vorschreiben! Noch heut abend verlobe ich mich mit ihr!

S e k r e t ä r. Das tu ich oder keiner. Und wenn die Welt daran hinge, nicht den Saum ihres Kleides sollst du wieder berühren! Komm! In den Wald mit mir! Aber wohlgemerkt, ich faß dich unter den Arm, und wenn du unterwegs nur einen Laut von dir gibst, so – *(Er erhebt eine Pistole.)* Du wirst mir's glauben! Ohnehin nehmen wir, damit du nicht in Versuchung kommst, den Weg hinten zum Hause hinaus durch die Gärten!

L e o n h a r d. Eine ist für mich – geben Sie mir die.

S e k r e t ä r. Damit du sie wegwerfen und mich zwingen kannst, dich zu morden oder dich laufen zu lassen,

nicht wahr? Geduld, bis wir am Platz sind, dann teil
ich ehrlich mit dir!

L e o n h a r d *(geht und stößt aus Versehen sein Trink-
glas vom Tisch).* Soll ich nicht wieder trinken?

S e k r e t ä r. Courage, mein Junge, vielleicht geht's gut
Gott und Teufel scheinen sich ja beständig um die
Welt zu schlagen, wer weiß denn, wer gerade Herr ist
(Faßt ihn unter den Arm. Beide ab.)

Zimmer im Hause des Tischlers. Abend.

SIEBENTE SZENE

K a r l *(tritt ein).* Kein Mensch daheim! Wüßt' ich das
Rattenloch unter der Türschwelle nicht, wo sie den
Schlüssel zu verbergen pflegen, wenn sie alle davon-
gehen, ich hätte nicht hineinkönnen. Nun, das hätte
nichts gemacht! Ich könnte jetzt zwanzigmal um die
Stadt laufen und mir einbilden, es gäbe kein größeres
Vergnügen auf der Welt, als die Beine zu brauchen.
Wir wollen Licht anzünden! *(Er tut's.)* Das Feuerzeug
ist noch auf dem alten Platz, ich wette, denn wir haben
hier im Hause zweimal zehn Gebote. Der Hut gehört
auf den dritten Nagel, nicht auf den vierten! Um halb
zehn Uhr muß man müde sein! Vor Martini darf man
nicht frieren, nach Martini nicht schwitzen! Das steht
in einer Reihe mit: Du sollst Gott fürchten und lieben!
Ich bin durstig! *(Ruft.)* Mutter! Pfui! Als ob ich's vergessen hätte, daß sie da liegt, wo auch des Bierwirts
Knecht sein Nußknackermaul nicht mehr mit einem
Ja, Herr! aufzureißen braucht, wenn er gerufen wird!
Ich habe nicht geweint, als ich die Totenglocke in meinem finstern Turmloch hörte, aber – Rotrock, du hast
mich auf der Kegelbahn nicht den letzten Wurf tun
lassen, obgleich ich die Bossel schon in der Hand hielt,
ich lasse dir nicht zum letzten Atemzug Zeit, wenn ich
dich allein treffe, und das kann heut abend noch ge-

schehen, ich weiß, wo du um zehn zu finden bist. Nachher zu Schiff! Wo die Klara bleibt? Ich bin ebenso
hungrig als durstig! Heut ist Donnerstag, sie haben
Kalbfleischsuppe gegessen. Wär's Winter, so hätt's Kohl
gegeben, vor Fastnacht weißen, nach Fastnacht grünen!
Das steht so fest, als daß der Donnerstag wiederkehren
muß, wenn der Mittwoch dagewesen ist, daß er nicht
zum Freitag sagen kann: geh du für mich, ich habe
wunde Füße!

ACHTE SZENE

K l a r a *(tritt ein).*

K a r l. Endlich! Du solltest auch nur nicht so viel küssen!
Wo sich vier rote Lippen zusammenbacken, da ist dem
Teufel eine Brücke gebaut! Was hast du da?

K l a r a. Wo? Was?

K a r l. Wo? Was? In der Hand!

K l a r a. Nichts!

K a r l. Nichts? Sind das Geheimnisse? *(Er entreißt ihr
Leonhards Brief.)* Her damit! Wenn der Vater nicht
da ist, so ist der Bruder Vormund!

K l a r a. Den Fetzen hab ich festgehalten, und doch geht
der Abendwind so stark, daß er die Ziegel von den
Dächern wirft! Als ich an der Kirche vorbeiging, fiel
einer dicht vor mir nieder, so daß ich mir den Fuß
daran zerstieß. O Gott, dacht' ich, noch einen! und
stand still! Das wäre so schön gewesen, man hätte mich
begraben und gesagt: sie hat ein Unglück gehabt! Ich
hoffte umsonst auf den zweiten!

K a r l *(der den Brief gelesen hat).* Donner und – Kerl,
den Arm, der das schrieb, schlag ich dir lahm! Hol mir
eine Flasche Wein! Oder ist deine Sparbüchse leer?

K l a r a. Es ist noch eine im Hause. Ich hatte sie heimlich
für den Geburtstag der Mutter gekauft und beiseite
gestellt. Morgen wäre der Tag – *(Sie wendet sich.)*

K a r l. Gib sie her!

K l a r a *(bringt den Wein).*

K a r l *(trinkt hastig).* Nun könnten wir denn wieder
anfangen. Hobeln, Sägen, Hämmern, dazwischen Essen,

Trinken und Schlafen, damit wir immerfort hobeln,
sägen und hämmern können, sonntags ein Kniefall
obendrein: ich danke dir, Herr, daß ich hobeln, sägen
und hämmern darf! *(Trinkt.)* Es lebe jeder brave
Hund, der an der Kette nicht um sich beißt! *(Er trinkt
wieder.)* Und noch einmal: er lebe!

K l a r a. Karl, trink nicht so viel! Der Vater sagt, im
Wein sitzt der Teufel!

K a r l. Und der Priester sagt, im Wein sitzt der liebe
Gott. *(Er trinkt.)* Wir wollen sehen, wer recht hat!
Der Gerichtsdiener ist hier im Hause gewesen – wie
betrug er sich?

K l a r a. Wie in einer Diebsherberge. Die Mutter fiel um
und war tot, sobald er nur den Mund aufgetan hatte!

K a r l. Gut! Wenn du morgen früh hörst, daß der Kerl
erschlagen gefunden worden ist, so fluche nicht auf den
Mörder!

K l a r a. Karl! Du wirst doch nicht –

K a r l. Bin ich sein einziger Feind? Hat man ihn nicht
schon oft angefallen? Es dürfte schwerhalten, aus so
vielen, denen das Stück zuzutrauen wäre, den rechten
herauszufinden, wenn dieser nur nicht Stock oder Hut
auf dem Platz zurückläßt. *(Er trinkt.)* Wer es auch
sei: auf gutes Gelingen!

K l a r a. Bruder, du redest –

K a r l. Gefällt's dir nicht? Laß gut sein! Du wirst mich
nicht lange mehr sehen!

K l a r a *(zusammenschaudernd)*. Nein!

K a r l. Nein? Weißt du's schon, daß ich zur See will?
Kriechen mir die Gedanken auf der Stirn herum, daß
du sie lesen kannst? Oder hat der Alte nach seiner Art
gewütet und gedroht, mir das Haus zu verschließen?
Pah! Das wär' nicht viel anders, als wenn der Ge-
fängnisknecht mir zugeschworen hätte: Du sollst nicht
länger im Gefängnis sitzen, ich stoße dich hinaus ins
Freie!

K l a r a. Du verstehst mich nicht!

K a r l *(singt)*.

Dort bläht ein Schiff die Segel,
Frisch saust hinein der Wind!

Ja, wahrhaftig, jetzt hält mich nichts mehr an der
Hobelbank fest! Die Mutter ist tot, es gibt keine mehr,
die nach jedem Sturm aufhören würde, Fische zu essen,
und von Jugend auf war's mein Wunsch. Hinaus! Hier
gedeih ich nicht, oder erst dann, wenn ich's gewiß
weiß, daß das Glück dem Mutigen, der sein Leben
aufs Spiel setzt, der ihm den Kupferdreier, den er aus
dem großen Schatz empfangen hat, wieder hinwirft,
um zu sehen, ob es ihn einsteckt oder ihn vergoldet
zurückgibt, nicht mehr günstig ist.

K l a r a. Und du willst den Vater allein lassen? Er ist
sechzig Jahr!

K a r l. Allein? Bleibst du ihm nicht?

K l a r a. Ich?

K a r l. Du! Sein Schoßkind! Was wächst dir für Unkraut
im Kopf, daß du fragst! Seine Freude laß ich ihm, und
von seinem ewigen Verdruß wird er befreit, wenn ich
gehe, warum sollt' ich's denn nicht tun? Wir passen ein
für allemal nicht zusammen, er kann's nicht eng genug
um sich haben, er möchte seine Faust zumachen und
hineinkriechen, ich möchte meine Haut abstreifen, wie
den Kleinkinderrock, wenn's nur ginge! *(Singt.)*

> Der Anker wird gelichtet,
> Das Steuer flugs gerichtet,
> Nun fliegt's hinaus geschwind!

Sag selbst, hat er auch nur einen Augenblick an meiner
Schuld gezweifelt? Und hat er in seinem überklugen:
Das hab ich erwartet! Das hab ich immer gedacht! Das
konnte nicht anders enden! nicht den gewöhnlichen
Trost gefunden? Wärst du's gewesen, er hätte sich umgebracht! Ich möcht ihn sehen, wenn du ein Weiberschicksal hättest! Es würde ihm sein, als ob er selbst in
die Wochen kommen sollte! Und mit dem Teufel dazu!

K l a r a. Oh, wie das an mein Herz greift! Ja, ich muß
fort, fort!

K a r l. Was soll das heißen?

K l a r a. Ich muß in die Küche – was wohl sonst? *(Faßt
sich an die Stirn.)* Ja! Das noch! Darum allein ging ich
ja noch wieder zu Hause! *(Ab.)*

K a r l. Die kommt mir ganz sonderbar vor! *(Singt.)*

Ein kühner Wasservogel
Kreist grüßend um den Mast!

K l a r a *(tritt wieder ein).* Das Letzte ist getan, des Vaters Abendtrank steht am Feuer. Als ich die Küchentü
hinter mir anzog und ich dachte: Du trittst nun ni
wieder hinein! ging mir ein Schauer durch die Seele
So werd ich auch aus dieser Stube gehen, so aus dem
Hause, so aus der Welt!

K a r l *(singt, er geht immer auf und ab, Klara hält sich*
im Hintergrund).

Die Sonne brennt herunter,
Manch Fischlein, blank und munter,
Umgaukelt keck den Gast!

K l a r a. Warum tu ich's denn nicht? Werd ich's nimmer
tun? Werd ich's von Tag zu Tag aufschieben, wie jetzt
von Minute zu Minute, bis – Gewiß! Darum fort! –
Fort! Und doch bleib ich stehen! Ist's mir nicht, als
ob's in meinem Schoß bittend Hände aufhöbe, als ob
Augen – *(Sie setzt sich auf einen Stuhl.)* Was soll das?
Bist du zu schwach dazu? So frag dich, ob du stark
genug bist, deinen Vater mit abgeschnittener Kehle –
(Sie steht auf.) Nein! Nein! – Vater unser, der du bist
im Himmel – Geheiliget werde dein Reich – Gott,
Gott, mein armer Kopf – ich kann nicht einmal beten –
Bruder! Bruder! – Hilf mir –

K a r l. Was hast du?

K l a r a. Das Vaterunser! *(Sie besinnt sich.)* Mir war, als
ob ich schon im Wasser läge und untersänke, und hätte
noch nicht gebetet! Ich – *(Plötzlich.)* Vergib uns unsre
Schuld, wie wir vergeben unsern Schuldigern! Da ist's!
Ja! Ja! ich vergeb ihm gewiß, ich denke ja nicht mehr
an ihn! Gute Nacht, Karl!

K a r l. Willst du schon so früh schlafen gehen? Gute
Nacht!

K l a r a *(wie ein Kind, das sich das Vaterunser überhört).*
Vergib uns –

K a r l. Ein Glas Wasser könntest du mir noch bringen,
aber es muß recht frisch sein!

K l a r a *(schnell).* Ich will es dir vom Brunnen holen!

K a r l. Nun, wenn du willst, es ist ja nicht weit!

K l a r a. Dank! Dank! Das war das letzte, was mich noch drückte! Die Tat selbst mußte mich verraten! Nun werden sie doch sagen: sie hat ein Unglück gehabt! Sie ist hineingestürzt!

K a r l. Nimm dich aber in acht, das Brett ist wohl noch immer nicht wieder vorgenagelt!

K l a r a. Es ist ja Mondschein! – O Gott, ich komme nur, weil sonst mein Vater käme! Vergib mir, wie ich – Sei mir gnädig – gnädig – *(Ab.)*

NEUNTE SZENE

K a r l *(singt)*.

> Wär' gern hineingesprungen,
>   Da draußen ist mein Reich!
> Ja! aber vorher – *(Er sieht nach der Uhr.)* Wieviel ist's?
> Neun!
>
> **Ich bin ja jung von Jahren,**
> **Da ist's mir nur ums Fahren,**
> **Wohin? Das gilt mir gleich!**

ZEHNTE SZENE

M e i s t e r A n t o n *(tritt ein)*. Dir hätt' ich etwas abzubitten, aber wenn ich's dir verzeihe, daß du heimlich Schulden gemacht hast, und sie noch obendrein für dich bezahle, so werd ich's mir ersparen dürfen!

K a r l. Das eine ist gut, das andere ist nicht nötig, wenn ich meine Sonntagskleider verkaufe, kann ich die Leute, die ein paar Taler von mir zu fordern haben, selbst befriedigen, und das werd ich gleich morgen tun, als Matrose, *(für sich)* da ist's heraus! *(laut)* brauch ich sie nicht mehr!

M e i s t e r A n t o n. Was sind das wieder für Reden!

K a r l. Er hört sie nicht zum erstenmal, aber Er mag mir heute darauf antworten, was Er will, mein Entschluß steht fest!

M e i s t e r A n t o n. Mündig bist du, es ist wahr!

K a r l. Eben weil ich's bin, trotz ich nicht darauf. Aber

ich denke, Fisch und Vogel sollten sich nicht darüber streiten, ob's in der Luft oder im Wasser am besten ist. Nur eins. Er sieht mich entweder nie wieder, oder Er wird mich auf die Schulter klopfen und sagen: Du hast recht getan!

M e i s t e r A n t o n. Wir wollen's abwarten. Ich brauche den Gesellen, den ich für dich eingestellt habe, nicht wieder abzulohnen, was ist's denn weiter?

K a r l. Ich dank Ihm!

M e i s t e r A n t o n. Sag mir, hat der Gerichtsdiener, statt dich auf dem kürzesten Weg zum Bürgermeister zu führen, dich wirklich durch die ganze Stadt –

K a r l. Straßauf, straßab, über den Markt, wie den Fastnachtsochsen, aber zweifle Er nicht, auch den werd ich bezahlen, eh ich gehe!

M e i s t e r A n t o n. Das tadle ich nicht, aber ich verbiet es dir!

K a r l. Ho!

M e i s t e r A n t o n. Ich werde dich nicht aus den Augen lassen, und ich selbst, ich würde dem Kerl beispringen, wenn du dich an ihm vergreifen wolltest!

K a r l. Ich meinte, Er hätte die Mutter auch lieb gehabt.

M e i s t e r A n t o n. Ich werd's beweisen.

ELFTE SZENE

D e r S e k r e t ä r *(tritt bleich und wankend herein, er drückt ein Tuch gegen die Brust).* Wo ist Klara? *(Er fällt auf einen Stuhl zurück.)* Jesus! Guten Abend! Gott sei Dank, daß ich noch herkam! Wo ist sie?

K a r l. Sie ging zum – Wo bleibt sie? Ihre Reden – mir wird Angst! *(Ab.)*

S e k r e t ä r. Sie ist gerächt – Der Bube liegt – Aber auch ich bin – Warum das, Gott? – Nun kann ich sie ja nicht –

M e i s t e r A n t o n. Was hat Er? Was ist mit Ihm?

S e k r e t ä r. Es ist gleich aus! Geb Er mir die Hand darauf, daß Er Seine Tochter nicht verstoßen will – Hört Er, nicht verstoßen, wenn sie –

Meister Anton. Das ist eine wunderliche Rede. Warum sollt' ich sie denn – Ha, mir gehen die Augen auf! Hätt' ich ihr nicht unrecht getan?

Sekretär. Geb Er mir die Hand!

Meister Anton. Nein! *(Steckt beide Hände in die Tasche.)* Aber ich werde ihr Platz machen, und sie weiß das, ich hab's ihr gesagt!

Sekretär *(entsetzt).* Er hat ihr – Unglückliche, jetzt erst versteh ich dich ganz!

Karl *(stürzt hastig herein).* Vater, Vater, es liegt jemand im Brunnen! Wenn's nur nicht –

Meister Anton. Die große Leiter her! Haken! Stricke! Was säumst du? Schnell! Und ob's der Gerichtsdiener wäre!

Karl. Alles ist schon da. Die Nachbarn kamen vor mir. Wenn's nur nicht Klara ist!

Meister Anton. Klara? *(Er hält sich an einem Tisch.)*

Karl. Sie ging, um Wasser zu schöpfen, und man fand ihr Tuch.

Sekretär. Bube, nun weiß ich, warum deine Kugel traf. Sie ist's.

Meister Anton. Sieh doch zu! *(Setzt sich nieder.)* Ich kann nicht! *(Karl ab.)* Und doch! *(Steht wieder auf.)* Wenn ich Ihn *(zum Sekretär)* recht verstanden habe, so ist alles gut.

Karl *(kommt zurück).* Klara! Tot! Der Kopf gräßlich am Brunnenrand zerschmettert, als sie – Vater, sie ist nicht hinein*gestürzt*, sie ist hinein*gesprungen*, eine Magd hat's gesehen!

Meister Anton. Die soll sich's überlegen, eh sie spricht! Es ist nicht hell genug, daß sie das mit Bestimmtheit hat unterscheiden können!

Sekretär. Zweifelt Er? Er möchte wohl, aber Er kann nicht! Denk Er nur an das, was Er ihr gesagt hat! Er hat sie auf den Weg des Todes hinaus gewiesen, ich, ich bin schuld, daß sie nicht wieder umgekehrt ist. Er dachte, als Er ihren Jammer ahnte, an die Zungen, die hinter Ihm herzischeln würden, aber nicht an die *Nichtswürdigkeit* der *Schlangen*, denen sie ange-

hören, da sprach Er ein Wort aus, das sie zur Verzweiflung trieb; ich, statt sie, als ihr Herz in namen-
loser Angst vor mir aufsprang, in meine Arme zu
schließen, dachte an den Buben, der dazu ein Gesicht
ziehen könnte, und – nun, ich bezahl's mit dem Leben,
daß ich mich von einem, der *schlechter* war als ich, so
abhängig machte, und auch Er, so eisern Er dasteht,
auch Er wird noch einmal sprechen: Tochter, ich wollte
doch, du hättest mir das Kopfschütteln und Achsel-
zucken der Pharisäer um mich her nicht erspart, es
beugt mich doch tiefer, daß du nun nicht an meinem
Sterbebett sitzen und mir den Angstschweiß abtrock-
nen kannst!

Meister Anton. Sie hat mir nichts erspart – man
hat's gesehen!

Sekretär. Sie hat getan, was sie konnte – *Er war's
nicht wert, daß ihre Tat gelang!*

Meister Anton. Oder *sie* nicht!

(*Tumult draußen.*)

Karl. Sie kommen mit ihr – (*Will ab.*)

Meister Anton (*fest, wie bis zu Ende, ruft ihm
nach*). In die Hinterstube, wo die Mutter stand!

Sekretär. Ihr entgegen! (*Will aufstehen, fällt aber
zurück.*) Oh! Karl!

Karl (*hilft ihm auf und führt ihn ab*).

Meister Anton. Ich verstehe die Welt nicht mehr!
(*Er bleibt sinnend stehen.*)

ANMERKUNGEN

Vorwort zur „Maria Magdalena"

neine Genoveva: Tragödie Hebbels in Versen, 1843 erschienen,
der er den Stoff des Volksbuchs und der Heiligenlegende zu
nem Charakterdrama umformte.

. dialektischen Natur der Sprache: der von den Sophisten ausge-
deten Kunst der Argumentation folgend, eine Frage durch
nese, Antithese und Synthese zu erschöpfen.

f. *Wechselbalg:* ein Kind, das von Unholden nach der Geburt
gen das echte Menschenkind ausgetauscht wurde; bald als
himpfwort für mißratene Kinder gebraucht.

partiell-nationales: hier: parteiisch-nationales.

disjecti membra poetae: (lat.) „die Glieder des zerrißnen Dich-
-s" (Horaz, Sat. I,4,62), hier als Bild für die genannten vorläufi-
n, unvollkommenen Dramentypen gebraucht.

Naivetät: (frz.) hier etwa: naturhafte Direktheit.

Paganismus: Heidentum.

Olymp: Berg in Thessalien, den die Griechen als Wohnsitz des
:us und aller Götter ansahen.

Fatum: (lat.) Schicksal, Geschick.

Ödip: König Ödipus, Tragödie des griechischen Dichters
»phokles (495–405 v. Chr.).

Calderon: Pedro Caldéron de la Barca (1600–81), spanischer
ramatiker des Barock.

Zergliederer: Eindeutschung des medizinischen Begriffes ‚Ana-
m'.

auf das anatomische Theater: in den anatomischen Hörsaal, der
eich dem antiken Theater hufeisenförmig mit nach hinten anstei-
nden Sitzbänken gebaut ist.

Dissonanzen: (lat.) Mißklänge.

Kant: Immanuel K. (1724–1804), Philosoph des deutschen Idea-
smus.

Spinoza: Baruch S. (1632–77), Philosoph, dessen Lehre vom
eutschen Idealismus entdeckt und fortentwickelt wurde.

Duplikate: (lat.) Doppel, Abschriften.

f. *Äschylos ... Aristophanes:* Hebbel nennt die bedeutendsten

klassischen griechischen Dramatiker: Aischylos (525–456), So
kles (495–405), Euripides (480–405) und Aristophanes (um
bis 388).

8,6f. *Spadille:* Pik-As, der höchste Trumpf im französischen L'h
bre-Spiel.

8,19 *perfide:* (frz.) falsche, hinterlistige, tückische.

8,21f. *akkommodierend:* (frz.) angleichend, anpassend.

8,35 *Farbenbrett:* Eindeutschung für: Palette.

9,5 *hudeln:* zurechtweisen, tadeln.

9,7 *Karfunkel:* roter Edelstein; aus lat. *carbunculus* ‚kleine glüh
Kohle‘ gebildet.

9,18 *Tränenfistel:* Tränenröhre; von lat. *fistula* ‚Röhre‘.

9,20 *Thespis:* Begründer der attischen Tragödie, der um 540 v.
lebte. Seit Horaz ist der Thespiskarren für Wanderbühnen sp
wörtlich geworden.

9,32 *Paroxysmen:* (griech.) Höhepunkte einer Krankheit, he
Anfälle.

10,17 *allegorisches:* (griech.) gleichnis-, sinnbildhaftes.

11,5f. *Herrn mit vielen Köpfen:* dem Publikum.

11,19f. *Man denke an ... Lenz, an Hölderlin, an Grabbe:* He
nennt Dichter, deren Leben im Wahnsinn endete: Jakob Mic
Reinhold L. (1751–92), Friedrich H. (1770–1843) und Chris
Dietrich G. (1801–36).

11,27 *Superfötation:* (lat.) Überbefruchtung.

11,28 *Arabeskenwesen:* Arabesken sind rankenförmige Verzie
gen, Ornamente nach arabischem Vorbild.

12,10 *Anekdote:* hier: Handlung, Fabel des Dramas.

12,13 *Der erste Rezensent:* Karl Gutzkow (1811–78), Schriftste
Journalist, einer der maßgebenden Vertreter des Jungen Deut
land.

12,17 *Epigrammatie:* (griech.) satirisch-spöttischer Bezug auf
Zeitereignisse.

12,24 *lakonisch:* wortkarg, knapp; schon in der Antike sprichw
lich für die ‚schlagende Kürze‘ der Lakedämonier (Spartaner).

12,29f. *Hautsymptom:* Krankheitszeichen auf der Haut.

12,34 *epigrammatisch-rhetorischen Existenz:* Dasein, das bestir
wird vom Epigramm (Sinnspruch, Spottgedicht) und der Rhet
(Redekunst).

13,5 *Kontroversen:* Entgegnungen, (wissenschaftliche) Auseinan
setzungen, Streitigkeiten.

13,19f. *Juvenalsche Satiren:* kritische Beschreibungen menschli

chwächen und Laster, voll Witz und Ironie, des römischen Schrift-
tellers Juvenal (60–140 n. Chr.).

?6 *der Uhlandschen:* von Ludwig Uhland (1787–1862), dem be-
eutendsten Dichter der nachromantischen ‚Schwäbischen Schule‘.

3 f. *für ein Mitglied dieser Schule … Dichter:* Gustav Pfizer
(1807–90), Lyriker und Epiker, von Schiller beeinflußt. Hebbels
ernichtende Beurteilung („der piepsende Ratten- und Mäusekö-
ig") erscheint aus heutiger Sicht überzogen.

* *Kerner:* Justinus K. (1786–1862), schwäbischer Dichter und
Arzt, Freund Uhlands.

?4 *Ein berühmter Schauspieler:* Karl Seydelmann (1793–1843).

? *Szenarium:* (lat.) hier: Angaben über die Szenenfolge.

? *extemporierend:* aus dem Stegreif spielend; von lat. *ex tempore*
ntsprechend den Umständen‘.

!0 *Embryo:* (griech.) noch nicht geborenes Lebewesen.
Gedankenschemen: Schattenbild des Gedankens.

?4 *Manifestation:* (lat.) Offenbarwerden, Erkennbarwerden.

?2 *Konvenienz:* (lat.) das gesellschaftlich Erlaubte, Übliche.

18 *Evidenz:* (lat.) Gewißheit, Klarheit.

20 *faktische:* tatsächliche.

29 *Fasson:* (frz.) Form, Zuschnitt.

? *dualistischen:* gegensätzlichen.

!1 *Hieroglyphen:* (griech.) Bilderschriftzeichen.

* *negiert:* verneint, bestritten; von lat. *negare* ‚verneinen, abschla-
en‘.

?2 *Anthropologie:* (griech.) Menschenkunde.
Chiffre: (frz.) Schriftzeichen, Geheimschrift.

? *Kopula:* (lat.) Verbindung.

? *Merkur:* römischer Gott des Handels, der Kaufleute und der
Diebe.

? *Sentenzen:* (lat.) Sinnsprüche, Aussprüche.
Gnomen: (griech.) lehrhafte Sprüche.

?9 f. *Kants famosen Ausspruch in der Anthropologie:* Hebbel
•ezieht sich auf eine Stelle in Immanuel Kants Schrift *Anthropolo-
ie in pragmatischer Hinsicht* (1789).

20 *der Alte vom Berge:* ursprünglich Titel des Oberhaupts einer
nohammedanischen Sekte, später allgemein für das Haupt einer
•chule gebraucht, deren Lehre unbedingten Gehorsam verlangt;
ier ist Kant gemeint.

!8 *Nomenklatur:* (lat.) Verzeichnis, Zusammenstellung von
Namen.

22,19 *bis auf die Alexander und Napoleone:* bis auf Personen, die
bedeutend sind wie Alexander der Große und Napoleon I.

22,20f. *Völkerphysiognomien:* das äußere Erscheinungsbild
Völker.

22,32 *Baken:* feste Seezeichen.

23,20f. *spezifizieren:* (frz.) auseinanderlegen, einzeln aufführen.

23,22 *Immortalitätsapparat:* Unsterblichkeitsapparat.

23,35 *Konglomerat:* (frz.) Gemisch, Häufung.

23,36f. *Galvanisierungsversuch:* hier: Versuch, leblosen Gegenst
den den Anschein von Leben zu geben; nach dem italienischen A
und Naturforscher Luigi Galvani (1737–98) benannt.

24,1–6 *Lessingsche Ausspruch in der Dramaturgie ... verdienen:*
zitierte Stelle steht im 24. Stück der Hamburgischen Dramatur
(1767–69) von Gotthold Ephraim Lessing.

24,16f. *Wilhelms des Eroberers:* Wilhelm I. (1027–87), seit 10
Herzog von der Normandie, seit 1066 König von England.

24,17 *König Ethelreds:* Hebbel meint entweder Ethelred I. (866–8
oder Ethelred II., ‚den Unberatenen‘ (978–1016).

24,23 *Krieg der roten Rose mit der weißen:* Rosenkriege, Namen
die bürgerkriegsähnlichen Kämpfe in den Jahren 1455–85 zwisch
den Häusern Lancaster (rote Rose) und York (weiße Rose im W.
pen).

24,24f. *Richmonds:* Heinrich Graf von Richmond, der spätere Kö
Heinrich VII. von England (1456–1509), Figur in Shakespea
Richard III.

24,35 *In-Spiritus-Setzen:* medizinische Konservierung mit Hilfe v
Alkohol.

24,36 *Hohenstaufenbandwürmer:* Hebbel denkt vermutlich
Grabbes Dramen *Friedrich Barbarossa* und *Kaiser Heinrich
Sechste* sowie Immermanns *Kaiser Friedrich der Zweite.*

25,11 *Walter Scott:* W. S. (1771–1832), vielgelesener schottisc
Romanautor.

25,13 *Willibald Alexis:* Pseudonym für Georg Wilhelm Heinr
Häring (1798–1871), erfolgreicher Romanautor.

25,19 *historischen Pragmatismus:* Geschichtsbetrachtung, bei w
cher der ursächliche Zusammenhang einer Begebenheit dargest
wird.

25,25 *Bänkelsängerstab ... Immermann:* Im Vorwort zu seinem Tr
erspiel in Tirol (1827) lehnt Karl Leberecht I. (1796–1840) es ab,
Dichter sein eigenes Werk wie ein Bänkelsänger, der auf dem Ja
markt mit dem Zeigestock bebilderte Moritaten vorführt, zu deut

7 *Ökonomie:* hier: Verwendung und Anordnung dramaturgi-
her Elemente.

3 *resp.:* respektiven (frz.): jeweiligen.

stöckige: hier: starre, unbewegliche (wie ein Stock).

rniertheit: (frz.) Beschränktheit.

Malice: (frz.) Bosheit, Tücke.

1 *Notabilitäten:* (lat.) vornehme, berühmte Persönlichkeiten.

dem Trivialen: (frz.) dem Gewöhnlichen, Platten.

9 *Tropen:* (griech.) Einzahl *Trope:* Wendung; Vertauschung des
gentlichen Ausdrucks mit einem bildlichen, z. B. *Bacchus* statt
ein.

Konversieren: (frz.) Unterhaltung, Gespräch.

Embrassement: (frz.) Umarmung, hier: Versöhnung.

Diktion: (lat.) Ausdrucksweise, Stil.

Kattun: Baumwollstoff.

ch spreizen: sich aufblähen.

1 *Beurteilern:* Eduard Duller (1809–53), Schriftsteller und
istoriker, in der Zeitschrift *Vaterland*; Willibald Alexis in den
lättern für literarische Unterhaltung.

Maria Magdalena

Widmung] Am 4. April 1843 bewilligte der dänische König
hristian VIII. (1786–1848), Hebbels Landesherr, dem Dichter ein
weijähriges Reisestipendium von je 600 Talern. Hebbel will ihm
urch die Widmung der *Maria Magdalena* danken.

el] Hebbel wollte sein Trauerspiel ursrünglich *Klara* nennen, ent-
hied sich aber dann für *Maria Magdalena* in Erinnerung an die
inderin Maria Magdalena im Neuen Testament, der viel vergeben
urde, „denn sie hat viel geliebet" (Lk. 7,37–50).

Personen] Bei der Gestaltung der Personen hat Hebbel Men-
hen aus seinem engsten Lebenskreis zum Vorbild genommen:
ine Eltern, seinen Freund Emil Rousseau (Sekretär), die Familie
ines Münchner Vermieters, des Schreinermeisters Anton
chwarz, und in Einzelzügen sogar sich selbst (Leonhard). Ein lite-
arisches Vorbild war für ihn das Gretchen in Goethes *Faust.*

Erster Akt

37,16f. *Myrtenbaum:* Der Myrtenkranz als bräutlicher Schmuck
als Zeichen der Reinheit.

37,18 *Scherben:* Blumentopf (aus Ton).

37,24 *die alten Weiber:* die Leichenfrauen.

38,5f. *in der Furcht des Herrn:* in der Furcht vor Gott, dem He
Zitat im Anklang an die Bibel (Ps. 111,10 und Hiob 28,28).

38,6f. *sauren Schweiß:* Umschreibung für: sauer verdienten Lohn.
Lohn.

38,17 *Lohntag:* hier Anspielung auf das Jüngste Gericht.

38,25 *himmlische Hochzeit:* Anklang an die Bibel (Mt. 22,2) und
Bild der mittelalterlichen Mystik, wonach Jesus als Bräutigam
die Seele als Braut dargestellt werden.

38,26 *sieben Jungfrauen:* Gemeint sind die fünf törichten Jungfrauen
frauen (Mt. 25,1–13), die nicht zur Hochzeit eingelassen werden
weil sie sich verspätet haben.

39,3f. *impertinent:* (frz.) unverschämt, frech.

39,15f. *Fahnenstück:* Kleidungsstück (vgl. *Fahne:* urspr. ‚ein S
Tuch').

39,33 *Was soll das heißen:* bezieht sich auf Karls Bemerkung: „Übrigens
gens brauch ich deinen Gulden gar nicht." (39,23f.)

40,14 *zur Ader gelassen:* Blut entnommen; altes Behandlungsverfahren
ren bei akuten Herzbelastungen.

41,2 *Docke:* Puppe.

41,7f. *machten das Bier teuer:* trieben wegen ihres guten Verdiens
die Preise hoch.

41,35f. *wer wohl der erste ist, der ihr begegnet?:* Nach ei
Aberglauben gibt die erste Person, die einem auf einem wichti
Wege entgegenkommt, eine Vorausdeutung auf das Ende d
Weges.

43,13 *Zahnweh:* vermutlich Klaras Unwohlsein wegen i
Schwangerschaft.

43,17 *das letzte Band:* ihre völlige Hingabe.

44,16 *mich überlief's:* mir wurde heiß und kalt.

46,2 *Bestallung:* Berufung, Einsetzung in ein Amt.

46,18 *den Hof zu machen:* mich als Verehrer zu nähern, Hoffnu
auf Heirat zu machen.

46,32f. *ohne Falsch wie die Taube ... klug wie die Schlange:*
Mt. 10,16.

47,36f. *Ist's einem alten Mann erlaubt ... zu bedecken:* Me

nton sieht in Leonhard als Kassierer einen Vertreter der Obrig-
it, vor dem man ohne Kopfbedeckung steht.

die letzte Politur: etwa: den letzten Schliff.

1 *Vorurteile:* hier ironisch gemeint für gute, hergebrachte Sitte
d Erziehungsideale.

3 *Stuhl:* Platz in der Kirchenbank, der gemietet und mit
amensschild versehen wurde.

im blauen [Rock]: Kleiderfarbe des Wirts.

3 *Liturgie:* Gottesdienstordnung, Form des Gottesdienstes.

5 *Beinhaus:* Aufbewahrungsort für ausgegrabene Gebeine (Kno-
en) auf Friedhöfen.

2 *Klingen dir schon die Ohren?:* weitverbreitete Redensart nach
nem Aberglauben, daß einer Person die Ohren klingen, wenn
er sie geredet wird.

8 *Mühlstein:* Nach Mt. 18,6 wäre es für jemanden, der einem
nd ein Ärgernis gibt, „besser, daß ein Mühlstein an seinen Hals
hängt und er ersäuft würde im Meer, wo es am tiefsten ist". –
eister Anton bezieht sich hier ironisch auf die verlorene Mitgift.

2 *Mahlschatz:* hier: Mitgift.

5f. *ihn rot machen:* ihn beschämen, ihn in Verlegenheit bringen.

Werwolf: im Volksglauben ein Mann, der zeitweilig Wolfsgestalt
nehmen kann; hier: Wüterich.

8 *ungeschickt:* ungeeignet; hier: unausgebildet.

Lehrgeld: Geld, das früher der Lehrling oder seine Eltern dem
eister für die Lehre zahlen mußten.

2f. *einen Riß ins Papier zu machen:* den Schuldschein ungültig zu
achen durch Einreißen.

2 *apart:* (frz.) besonders.

3 *Tort:* (frz.) Kränkung, Unrecht, Verdruß.

4 *Sekretär:* (frz.) hier: Schreibpult.

9 *Ordre:* (frz.) Auftrag, Befehl.

1 *bosseln:* Kegel schieben, kegeln.

6 *Leute im roten Rock:* Die Gerichtsdiener gehörten zu den sog.
nehrlichen Berufen, ebenso wie Henker und Abdecker, mit denen
e Bürger Berührung und Umgang vermieden.

6 *herauspraktiziert:* unvermerkt, heimlich herausnimmt.

7 *Bist du –:* zu ergänzen: verführt?

Spießruten laufen: ursprünglich eine Strafe beim Militär, dann
ertragen gemeint: sich durch Zeigen den spöttischen Blicken und
emerkungen der Mitmenschen aussetzen.

Zweiter Akt

62,13 *wilder Schierling:* Giftpflanze, kommt gelegentlich im Ga
unter der Petersilie vor; ihr Gift, das Alkaloid Coniin, wirkt
mend auf die Atemwege.

63,37 *Hippe:* sichelartiges Messer; Attribut des Todes.

64,5 *Gaukler:* Spaßmacher, Jahrmarktskünstler.

64,11 *Kantor:* (lat.) Lehrer, der zugleich den musikalischen Tei
Gottesdienstes ausrichtet.

64,25 ff. *Man könnte Gericht halten ... stellen:* zuerst den ⟨
umbringen, dann sich selbst.

64,34 f. *Invaliden:* hier: alten, kraftlosen Mannes, der nicht mehr
zur Arbeit taugt.

64,36 *Schelm:* Schimpfwort für einen betrügerischen Menschen.

65,35 f. *Erzvaters:* Adams.

65,38 *Kain:* der erstgeborene Sohn Adams und Evas, der
1. Mose 4,8 seinen Bruder Abel erschlug.

66,35 *Mann mit der goldenen Kette:* der Bürgermeister mit
Amtskette.

69,21 *Wachsstock:* langer, mit Wachs überzogener Faden, der ro
förmig aufgewickelt ist.

69,23 *Handlungsbuch:* Buch, in dem die Geschäftsvorgänge au
zeichnet sind.

70,21 *Gevatter:* hier: vertrauliche Anrede unter Bekannten.
Fallmeister: veraltet für: Abdecker; Person, die sich gewerbsm
mit der Beseitigung von Tierkadavern befaßte; gehörte ebenfal
den unehrlichen Berufen, vgl. Anm. zu 58,26.

70,35 *nun bist du's allein!:* zu ergänzen: die dem Vater Sch
macht.

71,32 *Justinian:* byzantinischer Kaiser (527–565), der dem Rech
ben durch seine Sammlung römischer Rechtsquellen und Aufze
nungen des gesamten römischen Rechts eine feste Grundlage (
pus iuris, vgl. 72,4) gab.
Gajus: römischer Jurist (117–180), veröffentlichte um 161 ein L
buch *Institutionum commentarii IV* für Privat- und Prozeßr
das die Grundlage für die *Institutionen* Justinians bildete.

71,38 *den roten Hahn ... Eier:* Eine Fibel mit einem Eier lege
Hahn war in Hebbels Jugend in Schleswig-Holstein verbreitet

72,4 *Corpus juris:* vgl. Anm. zu 71,32.

72,19 *Lex Julia:* ironische Anspielung auf ein Ehegesetz aus
Jahre 18 v. Chr., das Verheirateten mit Kindern Vorteile sicher

21 *desparat:* korrekte Schreibung *desperat* (lat.): verzweifelt, hoffnungslos.

3 *wird und muß:* zu ergänzen: mich heiraten.

34 *Beelzebubs:* des Teufels.

9 *Odem:* Nebenform zu *Atem.*

20 *das Recht dazu:* das Recht zum Selbstmord.

Dritter Akt

9f. *mit dem kleinen Buckel:* mit der Tochter des Bürgermeisters.

4 *Journal:* hier: Rechnungsbuch.

14f. *Geißel:* Stab mit einer Schnur, zunächst zum Antreiben des Viehes, dann vor allem zur rituellen Züchtigung.

18 *Estrich:* gepflasterter Fußboden; von mlat. *astricus* ‚Pflaster‘.

4f. *als ob du die erste und letzte wärst!:* vgl. die ältere Redensart Sie ist die erste nicht", die Goethe in seinem Faust verwendet.

3 *Nickel:* Scheltwort (auch in der Bedeutung von Hure). Herkunft des Wortes wohl von Bergleuten, die enttäuscht waren, daß sie aus dem kupferfarbenen Nickel kein Kupfer gewinnen konnten, und dann „Nickel" als Scheltwort gebrauchten.

9 *Schock:* 60 Stück; urspr. Bedeutung: aufeinandergestapelter Haufen von 60 Garben.

10 *Recht:* Ein Verlöbnis, das nach alter Rechtsauffassung die Festsetzung des Ehevertrags bedeutete, konnte als solches Vertragsverhältnis nur in beiderseitigem Einvernehmen gelöst werden. Das Schweigen Klaras auf Leonhards Brief bedeutete ein Einverständnis damit, so daß Leonhard frei war.

30 *Lektion:* (lat.) hier: Lehre, derben Verweis.

36 *Stiefelknecht:* brettartiges Gerät, mit dessen Hilfe sich Stiefel leichter ausziehen lassen.

17 *ein Wurm:* hier in der urspr. Bedeutung: eine Schlange.

22–24 *warum könnt' ich's tun ... dürfte?:* Klara glaubt, daß in einer solch ausweglosen Lage Gott selbst ihr die Kraft zum Selbstmord gibt, der sonst den Christen als Todsünde gilt.

4 *Soll ich nicht wieder trinken?:* Leonhard nimmt das Herabstoßen des Trinkglases vom Tisch als böses Vorzeichen.

5 *Courage:* (frz.) Mut, Beherztheit.

22 *Martini:* 11. November, Fest des hl. Martin.

30 *Rotrock:* der Gerichtsdiener Adam.

32 *Bossel:* Kegelkugel; vgl. Anm. zu 58,11.

88,9f. *im Wein sitzt der liebe Gott:* Spott auf das Abendmahl.

88,39f. *Dort bläht . . .:* Die von Karl im folgenden gesungenen V.
entsprechen zusammengefügt Hebbels Gedicht „Der junge Sc'
fer".

89,3 *Fische zu essen:* aus Furcht, Karl könnte bei dem Sturm um
kommen sein.

89,31f. *Weiberschicksal:* ein uneheliches Kind.

91,14 *aber vorher:* Karl denkt an die Abrechnung mit dem Geric'
diener Adam.

92,14 *Fastnachtsochsen:* vermutlich Anspielung auf einen alten F
nachtsbrauch, nach dem ein junger Ochse durch die Straßen get
ben oder auch nur eine Ochsenhaut als Maske im Umzug verw
det wird.